賦詩聊乘化以歸盡樂夫
天命復奚疑

欲何之富貴非吾願帝鄉不可
期懷良辰以孤往或植杖而耘
耔登東皋以舒嘯臨清流而

時矯首而遐觀雲無心
以出岫鳥倦飛而知還景翳

生之行休已矣乎寓形宇内復幾

消憂而善萬物之得時感吾
崎嶇而經丘亦崎嶇而經丘木欣欣以向榮泉

車或棹孤舟既窈窕以尋壑亦
仲春將有事於西疇或命巾

話樂琴書以消憂農人告余以
渡駕言兮焉求悦親戚之情

芳請息交以絕游世與我而相遺
以將入撫孤松而盤桓歸去來

以流憩時矯首而遐觀雲無心

成趣門雖設而常關策扶老

酌觴庭柯以怡顏倚南窗以
幼入室有酒盈樽引壺觴以自

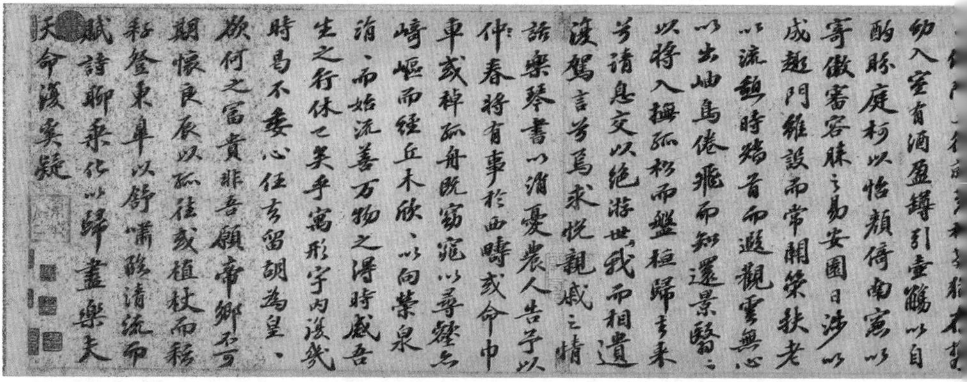

▲蘇軾書陶淵明〈歸去來兮辭〉，現藏於臺北故宮博物院。

目次

任性出版

一念桃花源

美國漢學家、翻譯家，
暢銷書《空谷幽蘭》銷售破百萬冊
比爾．波特（Bill Porter）◎著
李昕◎譯

無論順逆，蘇東坡總能療癒自己，只因他心中有陶淵明這位知己。

漢學家親訪行旅足跡，感受兩大文豪的靈魂撞擊。

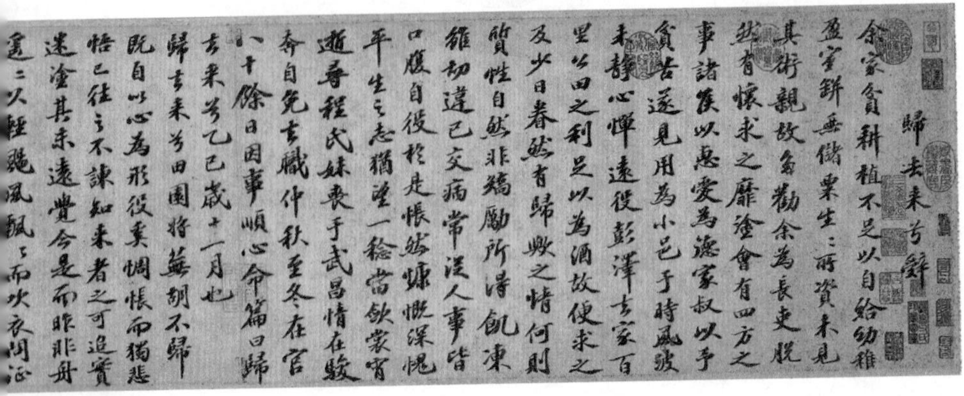
歸去來兮辭
余家貧耕植不足以自給幼稚
盈室缾無儲粟生生所資未見
其術親故多勸余為長吏脱
然有懷求之靡塗會有四方之
事諸侯以惠愛為德家叔以予
貧苦遂見用為小邑于時風波
未靜心憚遠役彭澤去家百
里公田之利足以為酒故便求之
及少日眷然有歸歟之情何則
質性自然非矯勵所得飢凍
雖切違己交病嘗從人事皆
口腹自役於是悵然慷慨深愧
平生之志猶望一稔當斂裳宵
逝尋程氏妹喪于武昌情在駿
奔自免去職仲秋至冬在官
八十餘日因事順心命篇曰歸
去來兮乙巳歲十一月也
歸去來兮田園將蕪胡不歸
既自以心為形役奚惆悵而獨悲
悟已往之不諫知來者之可追實
迷塗其未遠覺今是而昨非舟
遙遙以輕颺風飄飄而吹衣問征

好評推薦

比爾．波特（Bill Porter）是個美國人，但他比許多華人更深入抵達傳統中華文化的核心。那裡不僅有遠去的詩歌和田園，還有閃亮的人格與風骨。

——作家／蔣方舟

比爾．波特在《一念桃花源》中，用酒和詩跟千年前的詩人對話，把讀者帶到久遠年代前，桃花源般的詩境裡。

——音樂創作者／胡德夫

推薦序

在文字中，靈魂與靈魂深情互望

作家、丹鳳高中圖書館主任／宋怡慧

現代人在職場拚搏、案牘勞形之餘，若能覽卷閱讀，拿起觸動自己的靈犀之作，就彷彿有人為你提燈燦亮人生路。蘇東坡一生獨愛陶淵明的詩作，還拿它來醫病：當他身體不舒服時，只要拿起陶詩讀一讀，就感覺神清氣爽，仿若藥到病除。他甚至說：一次只能一首，不能再多了。

從這些行為就可了解蘇東坡由衷的孺慕陶淵明，珍惜之情躍然紙上。**兩人在文字裡以靈魂相互凝視、契闊談讌的愉悅，被慢溯在閱讀流光裡的現代漢學家比爾·波特發現，二人悄然的邂逅了。**那份文人「相傾」的震撼，時時撞擊內心情感的悸動，最終，讓比爾．波特踏上知音與知音深情對話的旅程。跟隨蘇東坡的足踏行旅，他感受到橫跨七百年的遇見，是多麼可貴又難得，深刻體會長吟一笑終相見的喜悅。

《一念桃花源》勾勒仨人穿越時空，以文字為名，進行一場相互尋訪的旅程，一步一真心，以詩文共鳴，相互撞擊出更雋永的深刻文字。原來，**文字能讓不相識的人發出真心的呼喚，流下理解的眼淚**。在這段旅程中攜手共情，彼此都戴上了人間有情的濾鏡，讓揚州的時光撒上蘇東坡的閒適、陶淵明的恬淡，兩人一唱一和，而比爾．波特則宛若是與他們同行的記錄者，將跨世代的文學共鳴，框進文字的精彩裡。

陶詩的價值是「質而實綺，癯而實腴」，這份繁華落盡見真淳的書寫初心，隔世的知音蘇東坡理解，並穩穩的接住他受困的靈魂，從文字裡窺見他靈魂漂泊與喜悲，從中對照、連結自己苦難的人生際遇。蘇東坡與陶淵明了無纖塵、摒絕俗念的清明優游著，放下離合悲悵，獲得生命更高遠的澈悟與釋懷。

「採菊東籬下，悠然見南山」是詩人清淡而純真的人生價值，蘇東坡讀透了，

以東坡居士的曠達與之輝映，首開「今人與古人和詩」的書寫格局，切切實實的為陶淵明寫了一百零九首詩，表達出「世上沒有人比我更愛煞陶淵明」的情懷。甚至，豪放不羈的他一改常態，謙卑的說出：「我不如陶生，世事纏綿之。」這些故事與風景都清晰的收進了《一念桃花源》。

詩人卞之琳的〈斷章〉如是說：「你站在橋上看風景，看風景的人在樓上看你。明月裝飾了你的窗子，你裝飾了別人的夢。」**比爾．波特看懂了蘇東坡，蘇東坡理解了陶淵明，而我們在文字中一次收藏三位文學家的豁達閒適，讓我們在風雨飄搖的時節，找到安頓與自在的一隅。**

蘇東坡勇於做自己的突破，陶淵明在亂世選擇歸隱的氣魄，兩人都有大濟蒼生的慈愛胸懷。同樣躬耕自資，面對遷徙奔波，依然無入而不自得。比爾．波特以創作療癒自己、向偶像致敬，並讓我們得以在穿越七百年的靈魂撞擊裡，拾獲電影《一代宗師》中「見自己，見天地，見眾生」的人生奧義。

前言
穿越七百年時空的靈魂對話

二〇一五年底，《尋人不遇》中文版（按：為中國四川文藝出版社出版）校譯已畢，只待擇良辰吉日發行。這本書寫的是我拜訪三十六位中國古代詩人遺跡的經歷，我到他們居住和寫詩的地方，尋找他們的墳墓，並用最好的威士忌敬酒，感謝他們留下了這麼美的詩。

《尋人不遇》這本書真是好事多磨。旅行途中，我在湖州摔斷了腳踝，但我還是完成了長久以來的心願，寫完了這本書。這是我出書合約的最後一份作業，我再也不用被出版社催稿了。我準備回到西雅圖附近、位於湯森港（Port Townsend）的家，過田園式的退休生活，耕種自家菜園、採摘豐收的果實。我喜歡在海邊的山上散步，跟鄰居小鹿們說早安。

世界那麼大，我也想去其他地方看看。我要去歐洲探訪詩人艾茲拉・龐德（Ezra Pound）的足跡，也打算去夏威夷探望老朋友威廉・莫溫（William Merwin）。此外，我還想造訪許多中國的古蹟，想花時間在那裡慢慢的品味。這些事由於出書的壓力，我之前沒時間做，但現在我終於可以按自己的節奏，做想做的事，或什麼事也不做。

一九七〇年，我進入哥倫比亞大學（Columbia University）讀人類學博士，為了申請助學金而選修冷門的中文課。學中文的過程中，我偶然讀了《禪之道》（*The Way of Zen*，作家、神學家艾倫・華茲〔Alan Watts〕著）一書，因此遇見了禪，也跟中國文化結了緣。

有一天，我在紐約遇見了來自中國無錫的法師壽冶。**我跟老和尚學習打坐**，**覺得修行比上學更好**，我便放棄繼續念博士，並帶著僅有的兩百多美元來到臺灣，開始佛光山的寺院生活。一年後，我搬到一間鄉間小廟裡，暮鼓晨鐘，每天不是打坐，就是讀書。我因修禪而讀到一些禪詩，並逐漸喜歡中國古代詩。

一九七五年某一天，我偶然在臺北的一間書店，看到一本線裝《陶淵明詩》，我先是被字大紙厚的古體書所吸引，那是南宋紹熙壬子年（一一九二年）曾集本的影印本。打開一讀，我就被陶淵明真切、自然的田園詩迷住了。這麼簡單的語言、這麼美的意境，我和許多人一樣，羨慕這樣的生活。

陶淵明看破紅塵，退官歸隱，但又不遁入山中。他在廬山腳下耕種、飲酒、會友、作詩，這正是我嚮往的生活。我在臺灣生活了二十年，其中十四年是在如今劃入陽明山國家公園裡的竹子湖度過。我雖沒有耕作或釀酒，但總覺得陶淵明好像就住在鄰舍，不知道他缺米少酒時為什麼不來敲我的門。

我感覺自己跟陶淵明特別有緣，曾三次前往廬山腳下的陶淵明故里。**我想向陶淵明墓敬酒，當面感謝他成了我欣賞中國詩的啟蒙老師**。但是，陶淵明的墓地位在軍事區裡，因此這個心願一直沒能實現。而這本《陶淵明詩》，就伴隨我四十多年，常在下午喝茶或晚上喝威士忌時打開書、讀上幾段。

二〇一五年底，我在上海時，朋友李昕知道我鍾愛陶淵明，便送給我一套石版線裝書，這是清嘉慶年間溫汝能纂訂的《和陶合箋》，以及宣統二年再版的《陶詩彙評》。《陶詩彙評》是部陶淵明詩集，而《和陶合箋》是蘇軾（字子瞻，號東坡

▲ 圖 0-1　作者比爾・波特與鄰居小鹿。

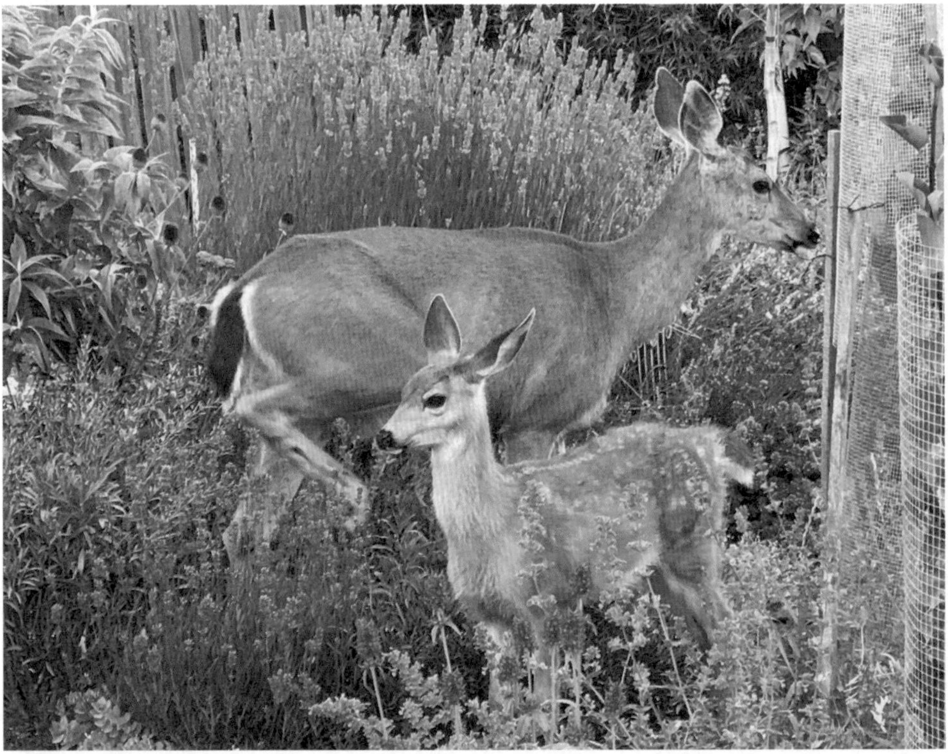

▲ 圖 0-2　鄰居小鹿們。

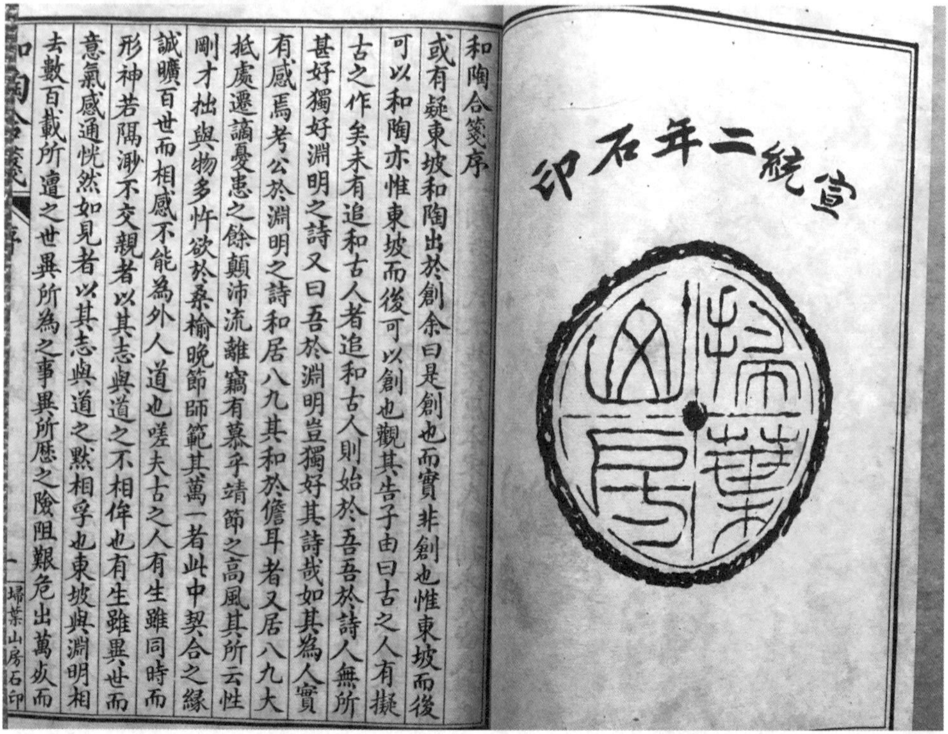

和陶合箋序

或有疑東坡和陶出於創余曰是創也而實非創也惟東坡而後可以和陶亦惟東坡而後可以創也觀其告子由曰古之人有擬古之作矣未有追和古人者追和古人則始於吾吾於詩人無所甚好獨好淵明之詩又曰吾於淵明豈獨好其詩哉如其為人實有感焉考公於淵明之詩和居八九其和於儋耳者又居八九大抵處遷謫憂患之餘顛沛流離竊有慕乎靖節之高風其所云性剛才拙與物多忤欲於桑榆晚節師範其萬一者此中契合之緣誠曠百世而相感不能為外人道也嗟夫古之人有生雖同時而形神若隔渺不交親者以其志與道之不相侔也有生雖異世而意氣感通恍然如見者以其志與道之默相孚也東坡與淵明相去數百載所遭之世異所為之事異所歷之險阻艱危出萬死而

和陶合箋　序　一　埽葉山房石印

宣統二年石印

▲圖 0-3　《和陶合箋》書影。

居士，一〇三七年—一一〇一年）為每一首陶詩寫的和詩。這是一個大驚喜！好詩不僅好在優美的文字，更來自於詩人之心。**我最喜歡的詩人是陶淵明，蘇東坡也喜歡，甚至將自己比擬為陶淵明。**

蘇東坡在仕途重挫、人生困惑之時，需要找人傾訴，並藉由了解別人來理解自己，而他選擇了早他七百年出生的陶淵明（一說名陶潛，字元亮，號五柳先生，友人私謚靖節先生，約三六五年—四二七年）**為對話的知己。他在讀陶淵明詩及寫和陶詩之中，重整自己的心態。和別人交談，是疏解疑慮和理清思路的好辦法，即使那人沒有回應。**我在海邊散步時，也常常像這樣跟古人對話。

唐代的李白、杜甫、白居易、韋應物、柳宗元等，都喜歡陶淵明。到了宋代，開始出現陶淵明研究的風潮，而蘇東坡讓陶淵明更為家喻戶曉。

我曾讀過蘇東坡的幾首和陶詩，知道**陶淵明是蘇東坡心目中「高峰絕塵」的偶像和知音**，但我不知道他把每一首陶詩都和過，並用與陶詩同樣的韻律寫成詩、和陶淵明對話。千年前的大文豪，和一千七百年前的偶像詩人穿越時空對話，這是多麼神奇和動人的靈魂撞擊！我希望一探究竟。

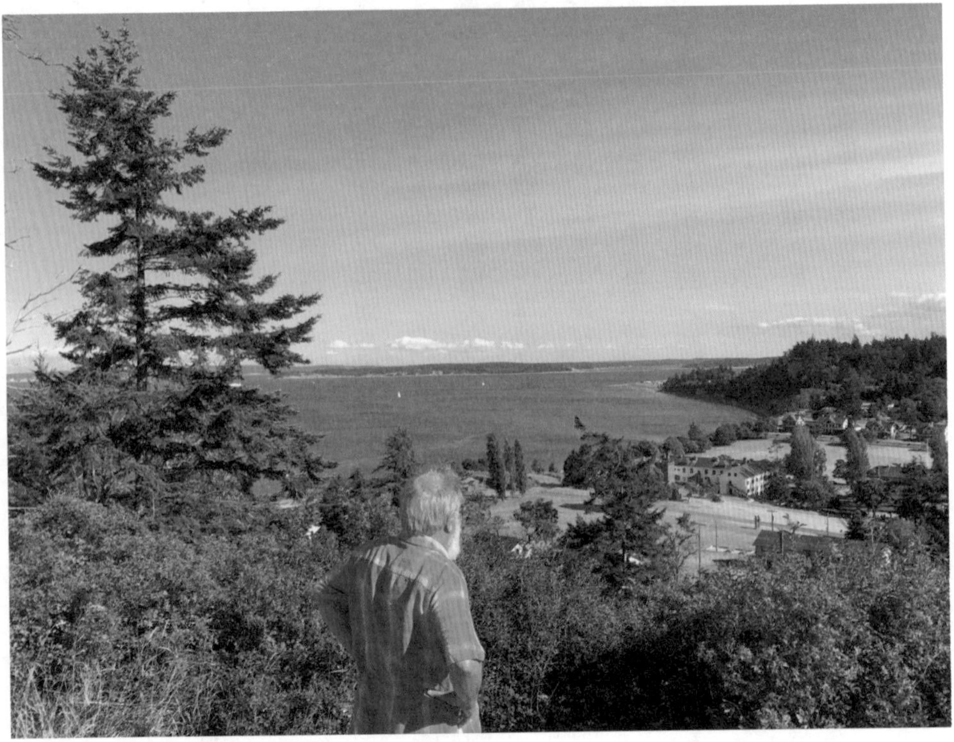

▲ 圖 0-4　比爾·波特在湯森港。

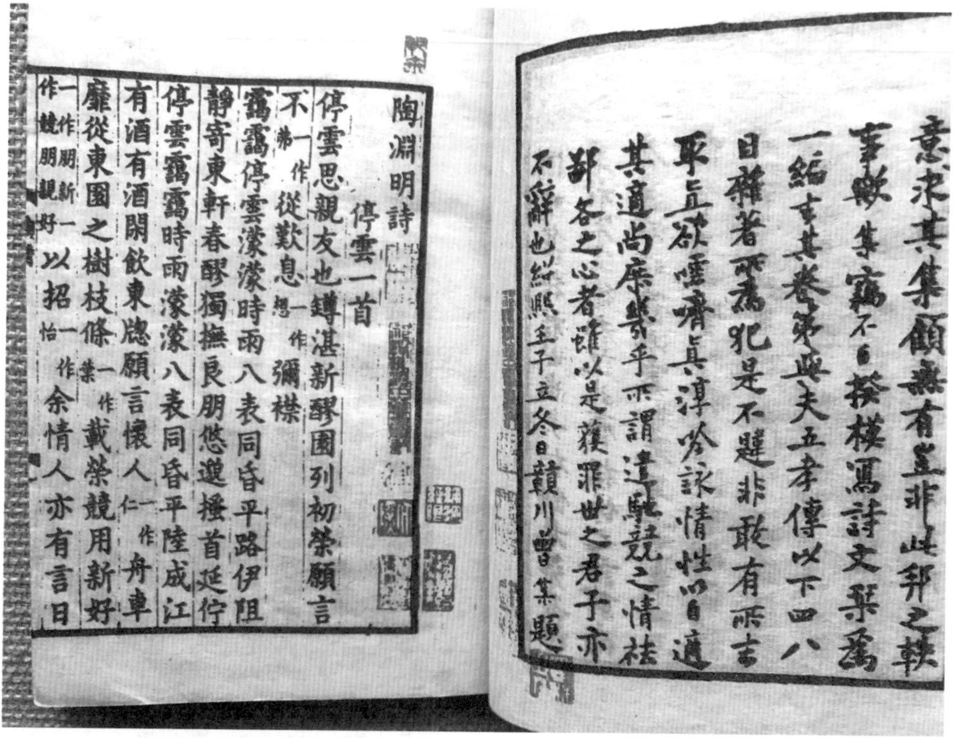

陶淵明詩
停雲一首
停雲思親友也罇湛新醪園列初榮願言
不（一作弗）從歎息（一作想）彌襟
靄靄停雲濛濛時雨八表同昏平路伊阻
靜寄東軒春醪獨撫良朋悠邈搔首延佇
停雲靄靄時雨濛濛八表同昏平陸成江
有酒有酒閑飲東牕願言懷人舟車（一作仁）
靡從東園之樹枝條（一作葉）載榮競用新好
（一作朋新一作朋親好）以招（一作怡）余情人亦有言日

意求其集願無有益非此解之軼
事歟集霸不日按模寫詩文彙爲
一編書其卷第與夫五孝傳以下四八
目雜著不為犯是不韙非敢有所去
取且欲嗟嘆其淳吟詠情性以自適
其適尚庶幾乎不謂違馳競之情袪
鄙吝之心者誰以是獲罪世之君子亦
不辭也紹熙壬子立冬日贛川曾集題

▲圖 0-5　《陶淵明詩》書影。

我和李昕查閱了中國、臺灣和世界各國的圖書館及線上資料庫，找到一些學術論文，但專注於探究蘇東坡和陶淵明這兩位詩聖，跨越近七百年的靈魂對話之文學作品，卻如鳳毛麟角。我尤其對於我和蘇東坡有共同偶像這件事感興趣，這位大文豪是如此崇拜陶淵明，「追和古人，則始於東坡」，並「要當盡和其詩乃已耳」。

在我剛要解甲歸田之時有此發現，大概「此中有真意」吧。我決定了解蘇東坡寫和陶詩的原因和心境，並實地拜訪他寫和陶詩的山川形勝和古井舊居，也訪談當地的蘇學專家，聽當地人講述文獻典籍之外的蘇東坡故事，尋撫蘇東坡留給當代人的印記。

▲圖0-6　陶淵明畫像。

▲ 圖0-7　蘇東坡畫像。

▼圖 0-8　蘇東坡南貶與北歸路線，以及作者比爾．波特旅行路線，譯者李昕手繪。

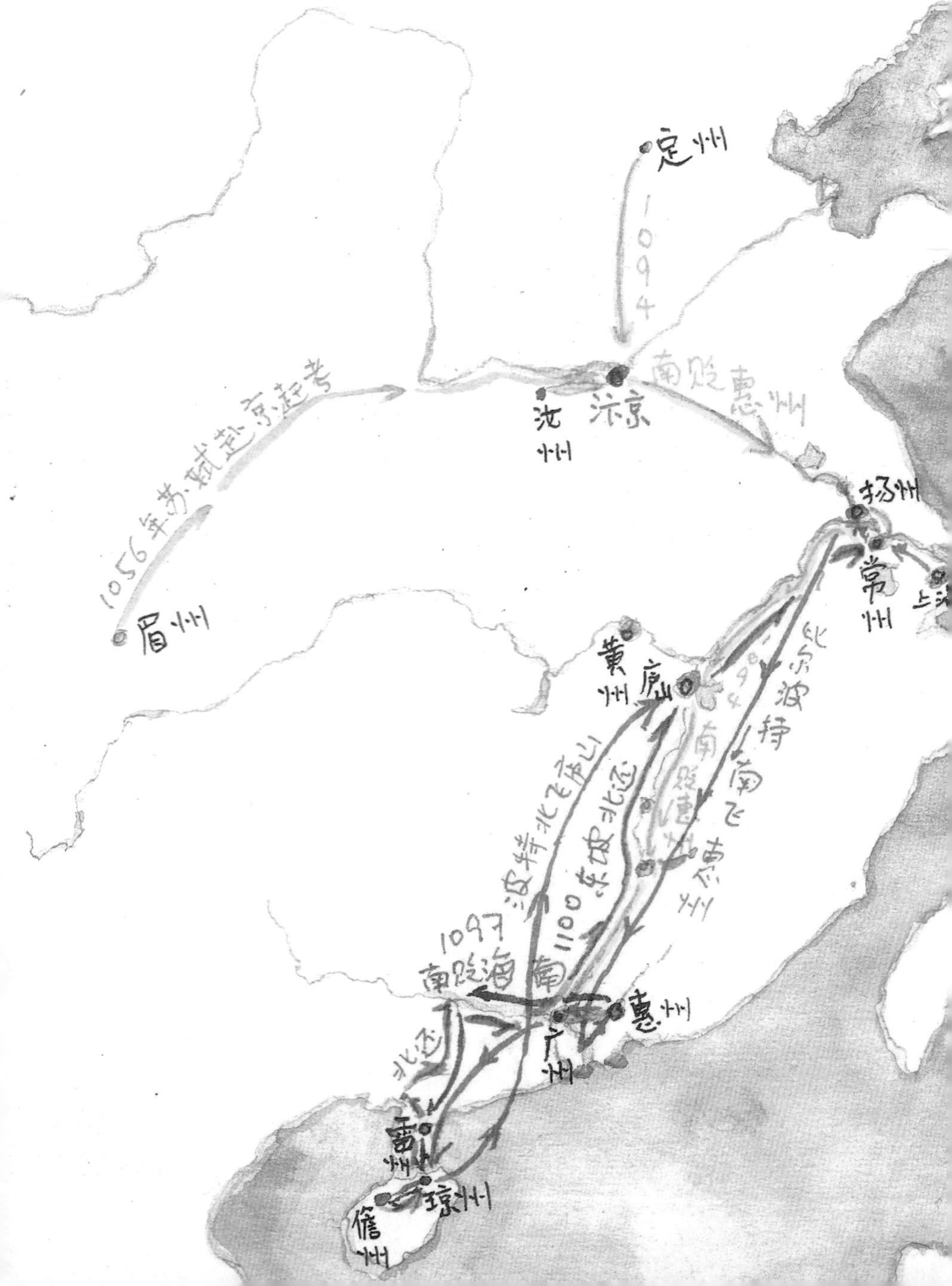

第一章

我不如陶生，世事纏綿之

旅程的起點：揚州。

蘇東坡在這裡，內心嚮往陶淵明歸隱田園的自在，
開始寫和陶詩。

千里之行，始於足下。

二〇一七年五月三日，這天我們從上海虹橋火車站出發（見第三十三頁圖1-2），車票在手，還是有座位的。早年我在中國的旅行，常常是先上火車，才到列車長辦公席（按：相當於車長室）排隊補座，往往只求排隊時間別太長，不敢想能不能補到坐票，而那時的臥鋪甚至只有高級幹部（按：指中國黨委系統、政府系統、軍隊、高校等領域中，級別較高、權力較大、待遇較好的領導幹部）才有資格坐。不過，時代已經改變了，今天火車準時出發。

這次不是我單獨出行，我的朋友李昕和殷雲，跟我一起開啟蘇東坡和陶詩的追溯之旅。

李昕在一九八〇年代時到加拿大讀大學，在美國和加拿大學習和工作近二十年後回到中國，在一家跨國公司做高階主管，之後轉做投資和管理諮詢，但他也留些時間給自己的興趣愛好。五年前，李昕讀了我的《空谷幽蘭》（按：本書作者寫他在中國尋找隱士文化的傳統與歷史蹤跡，並探訪散居各地的隱修者）後，來到湯森港和我喝茶，之後我們每年都在美國或中國見面。

▲圖 1-1　揚州簡圖，譯者李昕手繪。

殷雲曾是專業游泳運動員，一九八八年大學畢業後移居深圳，藉由股市和房地產投資而實現財務自由。當市場一路高歌猛進時，她的興趣卻轉向中國傳統文化，重新回到教室學習中醫和心理學。二〇一二年，她閱讀《禪的行囊》（按：本書作者循著禪宗發展路徑旅行，並介紹禪宗歷史和背景的著作）後，和我取得聯繫，並盡可能支持和參與我在中國的旅行，讓我能跟讀者們分享在中國尋幽探古的經歷。

有這樣兩位朋友與我同行，幫忙我安排旅行細節和專家訪談，我覺得很幸福。

我們先搭高鐵到常州，在蘇東坡仙逝的地方獻上我們的敬意。蘇東坡於一一〇〇年北歸中原，到常州時病倒，次年故於此。我們在常州待的時間不長，在運河邊敬杯酒、獻上首詩就繼續上路了（蘇東坡在常州的遺跡，請見第五章）。

常州和揚州分別在長江的南北兩側。我們開車從鎮江向北跨過潤揚長江大橋，前往揚州。在一九五七年建成第一座長江大橋之前，從常州縱跨長江到揚州，經由大運河是最快的途徑。揚州是京杭大運河上的大都市，是北宋時期中國商業和文化中心，重要性與都城汴梁可以相提並論。此地商賈來自四面八方，包括經絲綢之路遠道而來的阿拉伯人，因其貿易發展，而成為當時納稅最多的城市。

▲ 圖 1-2　「千里之行，始於足下。」這趟旅程的出發點：上海虹橋火車站。

蘇東坡寫和陶詩是在揚州擔任知州（按：宋、明、清等朝代，州的行政首長名稱）**時開始，在惠州時他決定「盡和陶詩」**，並在海南島儋州完成了所有的和陶詩。所以，**揚州、惠州和儋州就是我們這次尋訪蘇東坡和陶詩蹤跡的旅行主線。**

紀念貴人歐陽修，建谷林堂

過橋半小時後，我們抵達揚州瘦西湖北岸的涵田匯金度假酒店。我們決定奢侈一番，住進這家五星級的酒店，但酒店星級並不是我們選擇它的主因，而是我們想在蘇東坡過夜的山腳下留宿。雖是個小細節，但**我們就是要循著這樣的小細節，追尋詩人的蹤跡**。

一〇九二年，蘇東坡在揚州任知州六個月。就是在這裡，蘇東坡開啟了和陶詩的篇章。

我們到揚州時就開始下雨，淅淅瀝瀝下了一整夜。第二天早晨，雨勢轉小，我們開車到蜀岡山上。停好車，雨也正巧停了。我看到旁邊有位出家人，便上前問路，正巧他就是我們要見的聖萬法師。「這就是緣分。」法師說。

蜀岡山上，大明寺的方丈能修法師正在日本弘法，因此囑託知客聖萬接待我們。聖萬知道我們是來拜謁蘇東坡遺跡，就帶著我們前往平山堂和谷林堂。

一九九九年，能修法師出任大明寺方丈，之後創立了鑑真佛教學院。他是繼鑑真大師（按：唐代僧人、日本律宗祖師，興建位於日本奈良的唐招提寺）之後，日本唐招提寺唯一傳戒（按：指傳授戒律予出家之僧尼或在家居士）和尚。能修法師主持大明寺的棲靈塔、藏經樓、鐘鼓樓等建築的重建工程，使大明寺的香火興旺。從寺院的幾處題字看得出來，能修方丈也是位書法家。

大明寺建於南朝劉宋大明元年（四五七年），以鑑真東渡聞名遐邇。唐代鑑真和尚（六八八年—七六三年）曾在大明寺講律傳戒，儘管五次東渡失敗，他還是在六十六歲高齡，且雙目失明的情況下抵達日本，在奈良創建唐招提寺，弘揚佛法。

平山堂位於大明寺西側，為歐陽修（見第三十七頁圖 1-3）任揚州知州時所建。

歐陽修（一〇〇七年—一〇七二年），號醉翁，四歲時喪父，母親以荻草莖畫地教他認字。一〇三〇年，歐陽修進士及第，並開始了他的仕途生涯。景祐三年

（一〇三六年），歐陽修因聲援與宰相呂夷簡起衝突的范仲淹，受打擊報復，被貶為夷陵縣令。一〇四〇年，歐陽修被召回京復職後，參與范仲淹等人推行的吏治、軍事、貢舉法等改革（按：指慶曆新政），但再次被守舊派擊敗，被貶為滁州太守，後又改知揚州、潁州、應天府。至和元年（一〇五四年），歐陽修被召回朝，任翰林學士，修撰《新唐書》和《五代史記》。

歐陽修為後世留下了不朽名篇〈醉翁亭記〉等文學瑰寶，是北宋詩文革新運動的領袖，名列「唐宋八大家」之一。他對北宋文學的另一貢獻，就是扶持了蘇洵、王安石、蘇軾、蘇轍、曾鞏等新派學人，將北宋文學推向輝煌時代，而這新一代的文學才子們也創造了詩詞的「宋調」。

歐陽修極為賞識蘇東坡的文采，並將文壇宗主的衣缽傳給他：「我老將休，付子斯文。」而蘇東坡也如此跟弟子們說：「昔歐陽文忠常以是任付與某，故不敢不勉，異時文章盟主，責在諸君，亦如文忠之付授也。」

▲圖1-3　歐陽修畫像。

與偶像對話，韻律上也與知音唱和

北宋元祐七年（一〇九二年），蘇軾任揚州知州時，為紀念已故的恩師和貴人歐陽修，在平山堂旁建了谷林堂。堂內對聯取自蘇軾〈谷林堂〉詩第一句：「深谷下窈窕，高林合扶疏。」並擇取「谷」、「林」二字，命名「谷林堂」。對聯前的條案上置有赤壁懷古意境的盆景（見第四十頁圖1-4、第四十一頁圖1-5）。

在揚州，蘇東坡寫了〈問淵明〉，是他和陶淵明的一次精神對話。在這首詩中可以看到，**蘇東坡贊同陶淵明在困境中樂觀曠達、超凡脫俗的人生態度，但他認為陶淵明沒能好好處理現實與理想的矛盾，因而達不到更高的解脫境界。**

子知神非形，何復異人天。
豈惟三才中，所在靡不然。
我引而高之，則為日星懸。
我散而卑之，寧非山與川。

三皇雖云沒，至今在我前。
八百要有終，彭祖非永年。
皇皇謀一醉，發此露槿妍。
有酒不辭醉，無酒斯飲泉。
立善求我譽，飢人食饞涎。
委運憂傷生，憂去生亦還。
縱浪大化中，正為化所纏。
應盡便須盡，寧復事此言。

隨後，蘇東坡寫下第一首和陶詩〈和陶飲酒〉（按：陶淵明〈飲酒〉為長篇組詩，共二十首，蘇軾唱和之〈和陶飲酒〉也同樣有二十首）。**和詩就是一唱一和，是蘇東坡與陶淵明靈魂的對話和精神的共鳴**。蘇東坡在〈和陶歸園田居〉中有言：「昔我在廣陵，悵望柴桑陌。長吟〈飲酒〉詩，頗獲一笑適。」從中能夠看出當時蘇東坡喜愛陶淵明詩，偶爾會寫和陶詩。

▲ 圖 1-4　在谷林堂，與聖萬法師。

▲圖 1-5　在谷林堂讀〈飲酒詩〉與〈和陶飲酒〉，眼前為赤壁懷古意境的盆景。

蘇軾〈和陶飲酒〉是非常有代表性的文學作品。陶淵明在四一五年左右寫了〈飲酒〉二十首，近七百年之後，五十七歲的蘇東坡嚮往陶淵明那種自在的生活，一邊飲酒、一邊與陶淵明對話。

蘇東坡在組詩引言裡說，他常常把玩酒杯為樂，但他喝酒不多。這天，與客人飲酒過午，客人走了以後，便和陶淵明〈飲酒〉詩二十首，心裡似有歸隱的想法，但還不忍放棄仕途，因而在出世與入世之間纏綿糾結。

寫《尋人不遇》一書時，**我在每個詩人生活或埋葬的地方，都會讀一首那位詩人的代表作，並獻上一杯酒表達敬意**。但這次是在揚州大明寺裡，又有法師陪同，跟蘇東坡對飲顯然並不合宜。於是，我從包包裡取出我的宣統版《和陶合箋》，朗讀了蘇軾〈和陶飲酒〉其一。

和詩有幾種寫法。原作也稱原唱，和詩是對答附和。和詩可以只作詩酬和，不與被和詩押韻；也可以與被和詩押韻，但不必用其原字。此外，還有一種「次韻法」，則是每押韻句須以與原詩相同的韻字結尾。**蘇東坡選擇了最接近原詩的次韻法，寫了所有的和陶詩，從內容上與偶像對話，從韻律上與知音唱和。**

〈飲酒〉其一　陶淵明

衰榮無定在，彼此更共之。
邵生瓜田中，寧似東陵時。
寒暑有代謝，人道每如茲。
達人解其會，逝將不復疑。
忽與一觴酒，日夕歡相持。

〈和陶飲酒〉其一　蘇軾

我不如陶生，世事纏綿之。
云何得一適，亦有如生時。
寸田無荊棘，佳處正在茲。
從心與事往，所遇無復疑。
偶得酒中趣，空杯亦常持。

▲圖 1-6　雨後棲靈塔倒影。

▲圖 1-7　與聖萬法師登棲靈塔望揚州。

谷林堂兩側陳列室講述著蘇軾生平，尤其特別介紹他在揚州的文學成就和政績。在介紹他的傑出作品區，牆上掛的就是我選讀的〈和陶飲酒〉——君子所見略同，在寺裡讀飲酒話題的詩我原先有些過意不去，但見此也就不再介意了。畢竟，陶淵明在詩裡談的遠遠超過飲酒，而是很多值得我們思考和反省的人生哲理問題。

蘇東坡在揚州雖然只做了半年的知州，但他為當地百姓做了三件大事。第一件是緩付百姓官債：農民因連年災情繳納不出官稅，蘇東坡上書陳請朝廷減免積欠賦稅，給災民們喘息、休整的機會。第二件是取消勞民傷財的「萬花會」：每年揚州芍藥開花的春季，揚州官府會舉辦「萬花會」，而蘇東坡下令取消供特權階層享樂的萬花會，平民百姓無不拍手稱快。

而第三件事，是准許官船船夫能順路攜帶私人貨物，以補貼其收入，這個務實政策安撫了船民，和諧官民關係，使船民能以船為家，安居樂業。

我們剛從谷林堂走出來，大雨又傾盆而下，眼前情景有如蘇東坡筆下「黑雲翻墨未遮山，白雨跳珠亂入船」。聖萬法師帶我們搭電梯到棲靈塔頂，俯瞰瘦西湖。棲靈塔始建於隋仁壽元年（六〇一年），唐代詩人李白、白居易等均曾登臨，並留下千古絕唱。一九八〇年，鑑真大師像從日本回揚州「探親」，能修法師募資重建棲靈塔，以紀念鑑真回歸。

站在塔頂，瘦西湖在煙雨朦朧裡，「卷地吹來忽不見，望湖樓下水如天」（見第四十四頁圖 1-6、第四十五頁圖 1-7）。

我們婉謝了聖萬法師用齋飯的邀請，因為要開車去南京，趕搭前往深圳的飛機。我們要從深圳去惠州——蘇東坡南貶嶺南，也是他決意「盡和陶詩」之地。九百二十多年前的今天，蘇東坡已從定州出發，跋涉在前往惠州四千里（按：約兩千公里）的路上。

如果在今日，乘車走京港澳高速公路、中途不停車的話，僅須一天就到了，但當年，蘇東坡只能選擇顛簸的陸路或略為平緩的水路。他並不急著趕到發配場所，走水路還可以見些老朋友，就這樣走走停停，六個月以後才到惠州。

臨行前，我請聖萬法師將我的《禪的行囊》轉交給能修方丈。聖萬法師代他致謝，並要了我的地址。待我結束此行、回到家，能修方丈的書法已在家裡等我。打開一看，正是蘇東坡在揚州寫的〈和陶飲酒〉（見第四十八頁圖 1-8）。阿彌陀佛！

我不如陶生

世事緜緜之

云何得此造

尔来如生時

寸田无荆棘

佳处正荘严

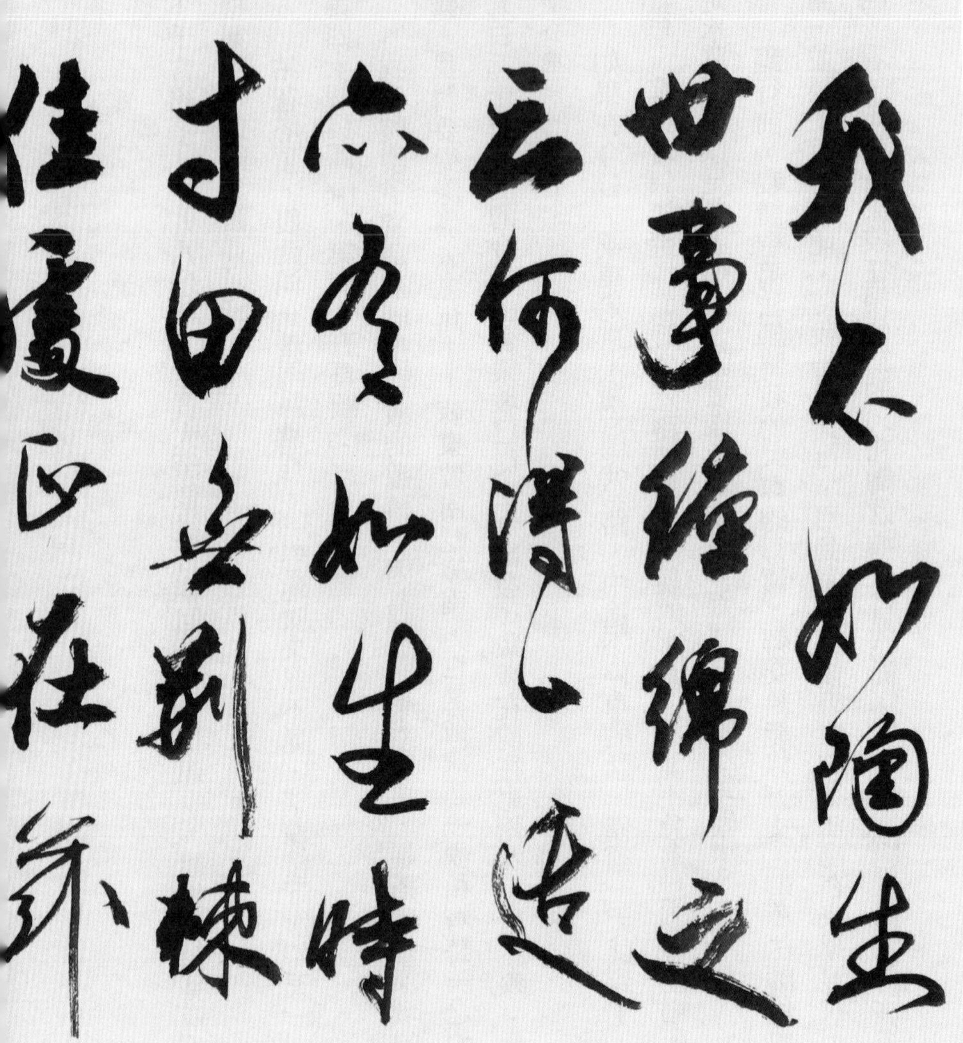

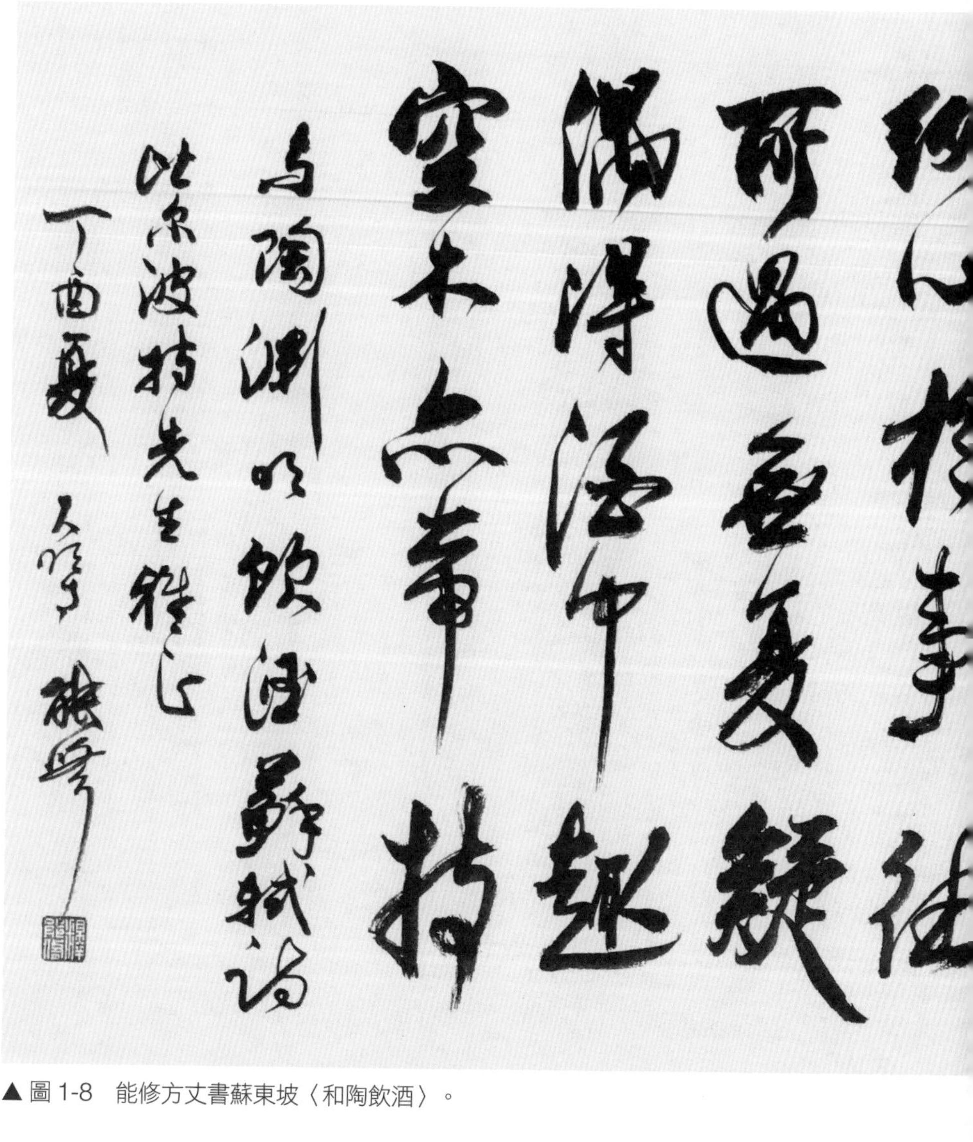

▲ 圖 1-8　能修方丈書蘇東坡〈和陶飲酒〉。

第二章

飽吃惠州飯，細和淵明詩

蘇東坡「三大功業」之一：惠州。
貶官至此，讀陶淵明詩讓他超脫於逆境，甚至能遊賞享樂。
這一站，追隨東坡腳步泡溫泉、遊瀑布。

上午八點半，《蘇東坡寓惠傳》的作者、惠州文史學者王啟鵬已經在酒店大廳等我們了。

惠州東坡文化協會的楊子怡、劉茂康、湯華文等幾位朋友們和我們一起吃早茶，賴啟洪會長代表協會表達歡迎之意，說有美國朋友不遠萬里來惠州拜訪東坡遺跡，無疑是對本地學者的鼓舞。惠州將千年前這位貶官，當作有史以來最尊貴的榮譽市民，他們以東坡為榮，以至於千年之後的今天，大家還在探討：為什麼蘇東坡屢次被貶，卻不效法陶淵明辭職歸隱呢？

賴會長說：「蘇東坡嚮往陶淵明採菊南山下的田園生活。他沒退隱是因為他要有所建樹，『丈夫重出處，不退要當前』。他要報答高太后的知遇之恩。」而楊子怡則說：「蘇東坡畢竟是受儒家思想影響，忠君、學優而仕，還是想要實現自己的抱負。」劉茂康說：「蘇東坡實際上是不想再回官場了，但為了榮譽感而沒有辭官。」湯華文說：「東坡先生是有信心東山再起的，留得青山在，不愁沒柴燒，在等待合適的機會。」大家的語速加快、音量提高，各抒己見。

早茶過後，我們分別搭乘兩輛車，開始採訪東坡寓惠遺跡之遊。這天正好是立

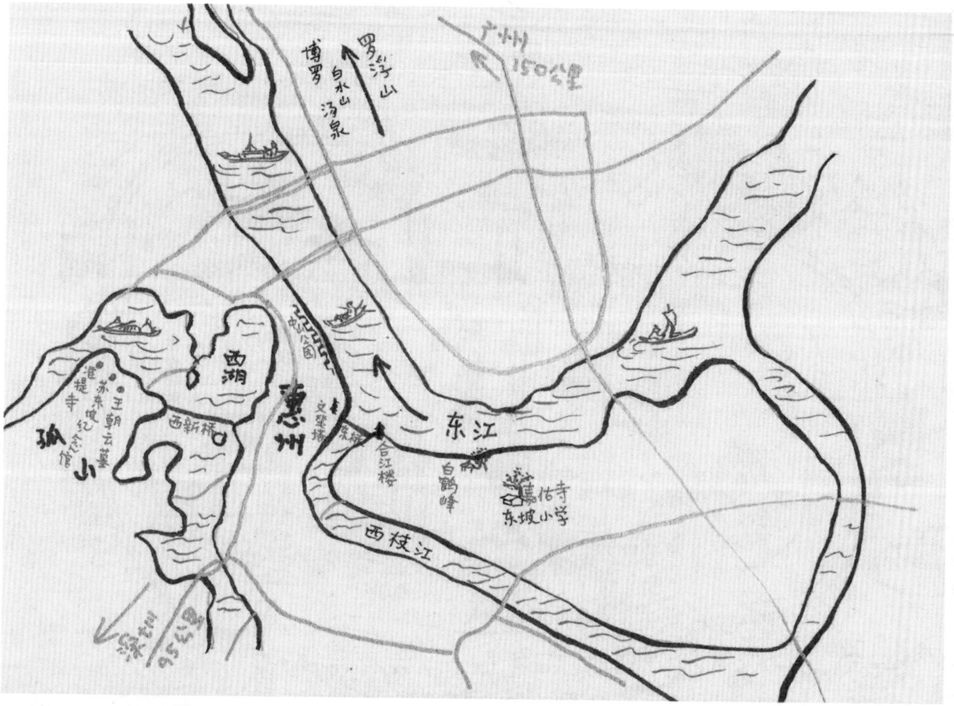
博罗
罗浮山
白水山
汤泉
广州
150公里
西湖
惠州
中山公园
文笔塔
东江
合江楼
白鹤峰
西新桥
西枝江
东坡小学
王朝云墓
苏东坡纪念馆
孤山

▲圖 2-1　惠州簡圖。

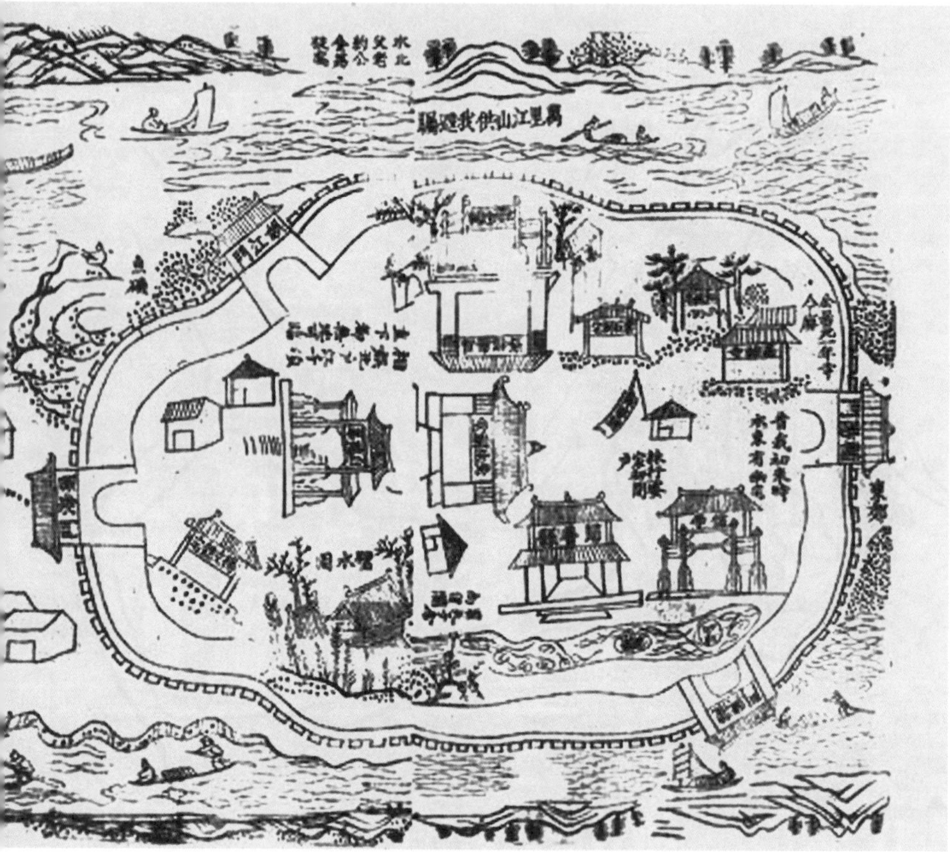
萬里江山供我題

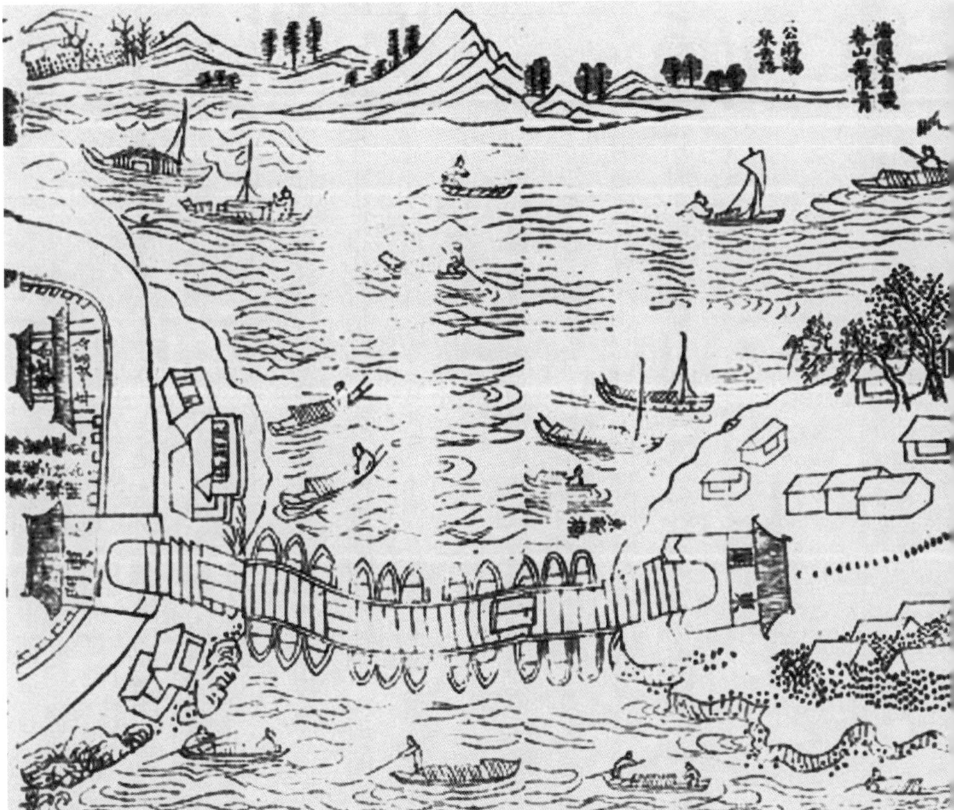

▲圖 2-2　《惠景全圖》，繪製於明崇禎 4 年（1631 年）。

夏，天氣預報顯示氣溫三十度，有雷陣雨，在這「蠻瘴之地」（按：古代泛指長江以南，交通閉塞、蠻荒多瘴癘〔瘧疾〕之地）要拜訪幾個遺跡，還需要上天開恩。但好似蘇東坡已預先跟老天爺打了招呼，安排了藍天白雲的豔陽天給我們。在惠州，只要自報是蘇東坡的朋友，事情應當好辦一些。

自隋代起，惠州便是東江流域的政治和軍事要地。惠州老城三面臨水，宋代便建有城牆。民國初年東征軍攻打惠州，攻克後城牆逐漸被拆，現僅存中山公園下至渡口所一段。順著惠州古城牆往南，我們的車停在東江與西枝江交接處，這裡就是蘇東坡抵達惠州時上岸的碼頭。

小山坡上有座磚塔，過去惠州的讀書人進京趕考，都必須從這個碼頭上船，後來清人築「文筆塔」以勵志（見第五十七頁圖2-3）。磚塔旁邊本是合江樓——當年的合江樓是官驛，用來接待過往的官員，相當於現在的惠州賓館，是官營高級招待所。合江樓原是惠州府小東門城樓，歷經戰火洗劫，如今舊址也蕩然無存了。

▲圖 2-3　合江樓旁的文筆塔。

蘇東坡功業之一：惠州

蘇東坡的仕途生涯經歷兩次大起大落。他二十一歲中進士後，開始做地方官，一路升任到湖州知州之職。然而，因他反對王安石變法，得罪了朝中政要，捲入「烏臺詩案」被捕入獄，後被發配到黃州，這是他人生中的第一大挫折。

一〇八五年，蘇東坡被高太后和司馬光重新起用後，再度步入仕途青雲，官拜禮部尚書。然而，他因仗義執言而再次成為宮廷鬥爭的犧牲品，幾經外放之後，於一〇九四年被貶嶺南，再次跌入仕途低谷，並從此步出朝廷。

蘇東坡在兩次流放過程中，也在修心，達到他文學上的高峰。他自評：「**問汝平生功業：黃州、惠州、儋州。**」蘇東坡早年的背景資料，彙集在本書的附錄一「從眉州到揚州」。我們這次是踏著他南貶的足跡，也就是他寫和陶詩的路徑，尋訪東坡遺蹤。

接到南貶的旨意後，五十九歲的蘇東坡遣散其他家傭，讓兩個兒子帶家人回宜興的家。蘇東坡只帶幼子蘇過和侍妾王朝雲，一〇九四年四月從定州出發，歷時半年，九月底到達惠州。

九月二十七日早晨，蘇東坡與蘇過在惠州北面博羅的泊頭鎮上岸，步行山路十五里來到嶺南第一山——羅浮山。山不在高，有仙則靈。蘇東坡對羅浮山嚮往已久，於是在當地巡檢史鈺、沖虛觀陳熙明道長、寶積寺齊德方丈及延祥寺紹沖方丈等儒、釋、道眾人陪同之下，興致勃勃的遊覽了羅浮山上的佛寺和道觀。沖虛觀是東晉道教領袖葛洪（約二八三年—三六三年）煉丹成仙之處，蘇東坡對葛洪十分敬慕，也對煉丹養生術表現出濃厚的興趣。

葛洪是江蘇句容人，自幼勤奮好學。十三歲時父親去世，生活困難，於是他白天砍柴賣薪，晚上挑燈夜讀。他熟讀儒學，還學道求仙。葛洪在廣州為官時，拜南海太守鮑玄為師，學習道教煉丹求仙之法，並娶鮑玄之女鮑姑為妻。後受廣州刺史鄧岳之邀，葛洪攜妻赴「神仙洞府」羅浮山煉丹修道（相關主題畫作請見第六十頁圖2-4）。至今，沖虛觀還保留著葛洪當年洗中藥的水池和煉丹爐。

葛洪的道教思想源於老莊以道為本的哲學體系，生命來自於「氣」，而萬物生生不息，變化無止。葛洪寫下《抱朴子》，指出修煉既可以保德致長生，也可以治

◀圖 2-4 〈葛稚川移居圖軸〉（元，王蒙繪），描繪晉代道士葛洪攜家移居羅浮山修道的情景。

世致太平，這本書後來被道教當作經典。但修煉不能單純從方術入手，人生的抱負也不能僅僅是遁隱於山。葛洪認為，想真正修煉成仙，必須行善於世，在修行的同時積德並造益於天下。

蘇東坡的仕宦生涯遭受沉重打擊，使他不得不重新思考人生價值，他研究道家思想，同時也探索了長壽養生術。在惠州期間，蘇東坡熟讀葛洪的《抱朴子》，並有感寫下〈和讀山海經〉十三首，組詩引言：「陶淵明讀《山海經》十三首，其七首皆仙語，余讀《抱朴子》有所感，用其韻賦之。」其一如下：

今日天始霜，眾木斂以疏。
幽人掩關臥，明景翻空廬。
開心無良友，寓眼得奇書。
建德有遺民，道遠我無車。
無糧食自足，豈謂穀與蔬。
愧此稚川翁，千載與我俱。

畫我與淵明，可作三士圖。
學道雖恨晚，賦詩豈不如。

初秋季節，在「幽人空廬」的半隱居狀態下，蘇東坡研讀《抱朴子》，像是跟好友對話，「志合者，不以山海為遠」，也不以古今為距。他與陶淵明、葛洪論道的場景，可以畫成一幅三士圖，三人結伴同遊，返璞歸真。

而在〈和讀山海經〉其十三裡，蘇東坡認為自己是《莊子》中的畸人（按：指奇異而不合時俗的人），追求宇宙之理，而不通世俗之故。仇池（按：指仇池山，位於甘肅，傳說為伏羲誕生地）是歸老的理想世界，而來到羅浮山與蛇蟲相處，也是靜心的意境。「攜手葛與陶，歸哉復歸哉。」蘇東坡攜手葛洪和陶淵明，結伴超然同遊。

十月二日，經過一整個夏天的長途跋涉，蘇東坡終於在惠州城碼頭上岸，受到當地百姓的熱情歡迎。蘇東坡受太守詹范禮遇，在合江樓官驛住下來。沒幾天，消息就傳到了三千里外京城宰相章惇的耳朵裡——說到這裡，你不得不佩服當年的消息傳播速度。章惇跟蘇東坡早年是朋友，後來與蘇家兄弟成為政敵（詳情請參見附錄一），便尋找各種機會打擊他們。於是，章惇下令將這個出城受限、社交言論受限的「雙限」貶官趕出官驛，食宿自理。

二〇〇六年，惠州政府選址東新橋對岸、東江與西枝江交匯處重建合江樓，成為目前鋼筋混凝土結構、九層樓高的宏偉建築。我們開車越過當年蘇東坡修建的東新橋，來到嶄新的合江樓下。我們與東坡文化協會的朋友們在合江樓前合影（見第六十四頁圖 2-5），便驅車前往東坡故居嘉佑寺。

一自坡公謫南海，天下不敢小惠州

我們抵達學背街的東坡小學時，正好是中午放學的時間。可愛的孩子們從沒有見過大鬍子「聖誕老人」，他們好奇的圍著我（見第六十五頁圖 2-6），問我從哪裡來，而我也藉機考一下他們對蘇東坡的了解。果不其然，他們對蘇詩如數家珍，琅琅上口。我不想耽誤他們回家吃午飯，在蘇東坡像前合影後，就跟孩子們道別了。

▲ 圖 2-5　合江樓前，與惠州東坡文化協會的朋友們合照。

▲圖 2-6　對蘇詩如數家珍的東坡小學學生。

東坡小學校長王偉業帶我們參觀校園中央的嘉佑寺。學生們都回家午休了，寺裡一片寂靜。寺院建築年代已久，又有白蟻入侵，為了學生們的安全，學校已經不再使用這個老建築，而用護欄把嘉佑寺圍起來。打開護欄的門，我們愣住了，彷彿穿越時光隧道一般，隧道的前段是宋元時代的古建築，經過各個朝代的修葺，最近一次大修也已是清代末年了。

隧道的後段則明顯是一九八〇年代，教室裡堆著一些舊課桌椅，彷彿還能聽到當年學生們的琅琅讀書聲。蘇東坡和兒子蘇過當年也在這裡讀書，並把書房稱作「思無邪齋」。課桌上方的牆面，貼著卡爾・馬克思（Karl Marx）、弗里德里希・恩格斯（Friedrich Engels）、弗拉迪米爾・列寧（Vladimir Lenin）、孫中山、毛澤東與鄧小平的瓷磚組合像（見第六十八頁圖2-7），這組合是一九八〇年代初的惠州特產。在那之前三十年，唯一標準組合就是「馬恩列斯毛」（按：指馬克思、恩格斯、列寧、約瑟夫・史達林〔Joseph Stalin，中國譯為「斯大林」〕與毛澤東）。

一九八〇年代鄧小平提倡改革開放，「不管白貓黑貓，能抓到老鼠就是好貓」。惠州人得益於鄧小平的開放政策，高速公路連接此地與一百公里外的改革一線城市深圳，因而搭上了一千年來最快的發展列車，從一個偏遠的發配之地，快速成為二十一世紀的現代化城市，而當地人飲水思源，就把鄧小平放在領袖像的組合裡了。

孫中山為推翻帝制、建立民國的領袖，也進入了這個標準像組合之中。但這組合在中國其他地方並不多見。我想，孫中山能在這裡出現，應當與他在惠州的影響力有直接關係。一九〇〇年，由孫中山領導，興中會會員鄭士良在惠州發動了一場反清起義，後因彈盡糧絕而不得不解散。但惠州起義使中國人迷夢漸醒，成為辛亥革命的前奏。一九二〇年代，孫中山曾先後六次親赴惠州前線指揮戰鬥。為紀念孫中山，一九二八年惠州第一公園改名為中山公園，之後在公園內興建中山紀念堂。

既然這組名人像具有獨特的惠州特色，我認為，他們更應該把蘇軾像放在上面，而且要擺在最前面。**是蘇東坡把惠州變成一座文化名城**，建了便民的路橋工程，也是因為他，嘉佑寺這個破舊寺廟建築，才得以保留到千年之後的今天。清代詩人江逢辰如此寫道：「**一自坡公謫南海，天下不敢小惠州。**」過去一千年來，沒有第二個人在惠州有如此巨大的影響力，巨大到老天爺都賞臉。或許下次嘉佑寺大

▲圖 2-7　嘉佑寺舊教室的領袖像，由左至右依序為馬克思、恩格斯、列寧、孫中山、毛澤東及鄧小平。

修時，我們就會看到蘇軾像吧！

蘇東坡在嘉佑寺住了五個月。當時，嘉佑寺就是一座破廟，地處偏僻，在城牆以外，要坐船渡河才能到，生活、訪友極其不便，甚至雜草叢生、蟲蛇出沒。蘇過曾嘆氣道：「來時野寺無魚鼓，去後閑門有雀羅」、「何異於囹圄」。

搬到嘉佑寺不久，蘇東坡就發現：「惠州歸善縣治之北數百步抵江，少西有磐石小潭，可以垂釣。」於是，他寫下詩句：「初日下照，潛鱗俯見。意釣忘魚，樂此竿線。」蘇東坡來到這麼偏僻的地方，沒多久就開始釣魚，反映出他隨遇而安的心態。

為進一步加害蘇東坡，章惇決定派與蘇家有家仇的表哥程正輔為廣東提刑（按：此職務相當於蘇軾的上級），到惠州巡查蘇東坡的情況。程正輔四十二年前曾是蘇東坡的姐夫，不幸蘇東坡的姐姐嫁到程家不久後，便生病而死，蘇洵痛失愛女，便斷絕與程家的關係。而章惇正想利用蘇、程之間的家仇，借程正輔之手加害蘇東坡。

蘇東坡雖然痛心姐姐之逝，仍希望修復蘇程兩家故交，主動恢復與程家的書信來往。而弟弟蘇轍也從程正輔的兒子那裡聽說，程正輔不僅對蘇家沒惡意，還對蘇東坡的處境非常關切。

蘇東坡決定先行一步，寫信給在廣州就職的程正輔，表示希望與他見面。其實，兩人都是人品正直的人，希望化干戈為玉帛，盡釋前嫌，重歸於好。這封信讓程正輔有個臺階下。

一〇九五年三月五日，程正輔抵達惠州，太守詹范設宴接風，安排下榻合江樓。蘇東坡身為貶官，不想給他們添麻煩，只派兒子蘇過以親戚的名義到惠州碼頭參加迎賓活動。

第二天上午，程正輔派官差到嘉佑寺請蘇東坡來合江樓喝茶。三年沒見，兩人都添了許多白髮。表兄弟回憶起年少時一起玩耍的情景，感慨人生的磨礪，竟在嶺南這荒蠻之地有緣重續舊情。高興之際，兩人寫詩唱和，表達對彼此的敬慕。

次日早晨，程正輔搭小船沿江東行，從龍岡窟碼頭上岸，到嘉佑寺回訪蘇東坡。蘇東坡、王朝雲和蘇過很高興程正輔能遠道來家裡做客。程正輔看到嘉佑寺陰溼破舊的老屋子和偏僻荒涼的地點，心裡很不好受；而蘇東坡也藉此機會，向程正輔提出嘉佑寺居住條件的問題：「暮雨侵重腿（按：一種腳浮腫的病）」、「夜枕聞鵂鶹（按：貓頭鷹）」。程正輔雖然想幫忙解難，但提刑身分所限，深感為難。

十天後，程正輔要回廣州了。蘇東坡未在官場露面，怕給大家添麻煩。於是，他乘船沿江順流而下，在博羅與程正輔的船會合。兩人艤舟登岸，到附近的香積寺品茗話別。程正輔告訴蘇東坡，他已跟太守商量，請蘇東坡一家重回合江樓住。蘇東坡知道程正輔和詹范這麼做，是冒著政治風險，更是格外感激。

他在〈追餞正輔表兄至博羅，賦詩為別〉詩中，表達對程正輔雪中送炭的感激之情：「何時曠蕩洗瑕讁，與君歸駕相追攀。」意思是：有朝一日我若能平反昭雪，就跟程正輔一起回鄉養老。從此，兩人書信往來頻繁，互贈詩賦唱和。

半年後，程正輔第二次來惠州，兩人已不再有任何隔閡。程正輔除了公務外，幾乎整天跟蘇東坡聊天。而蘇東坡則趁機告訴他修建營房、歸屋於民的計畫，以及修「兩橋一堤」工程的想法，兩人一拍即合，與詹范商量後，將計畫變成現實。

十天後，程正輔要回廣州，兩人已難捨難分。送程正輔離開惠州的路上，蘇東坡先帶程正輔到博羅縣的白水山。時值夏末，嶺南天氣還是很熱。兩人先登高至九龍潭瀑布晞髮（按：將頭髮披散使之乾爽）戲水，接著又下山到湯泉沐浴。兩人在返老還童的玩樂之中，感情更融洽了，相約來日再會。

程正輔來到嶺南，不僅沒有加害蘇東坡，反而跟他重建友情，成為知心朋友。消息傳到章惇耳裡，他便發令將履職廣東僅一年的程正輔北召回京。蘇東坡知道合江樓不能久住，也不想給詹太守添麻煩，便收拾行李搬回嘉佑寺。

這時，又傳來章惇「元祐臣僚獨不赦，終身不徙」的命令，蘇東坡以為自己會就此老死惠州。他眷戀江東生活時的幽靜，「昔我初來時，水東有幽宅。晨與鴉鵲朝，暮與牛羊夕。」（〈和陶移居〉其一）便在一〇九六年四月購入白鶴峰一塊地。〈和陶移居〉其二寫道：「葺為無邪齋，思我無所思。古觀廢已久，白鶴歸何時。」他準備蓋自己的房子，「此心安處是吾鄉」，打算在嶺南安度餘年了。

無米無酒的窘境，想起陶淵明

蘇東坡每到一地，無論是做父母官或閒職，他都不忘造福百姓的初心，而他最

拿手的當屬建設水利橋梁、減輕民眾負擔和發展農業，在惠州也不例外。

惠州「環州多白水，際海皆蒼山」，東面和北面有兩條河流，西面和南面則是湖泊，雖然山清水秀，但百姓出行生活極不方便。蘇東坡擅長各種與水相關的工程，例如引水、挖井、築堤、搭橋等，他便倡議建東新橋連接江東與惠州城，又建西新橋和蘇堤，連接西湖裡的西山與城區，方便居民到西山伐薪割草。

「兩橋一堤」得到程正輔和詹范的鼎力支持，並由政府撥款開始建設。蘇東坡幾乎每天都去工地查看進度。工程進行到一半，資金沒了，蘇東坡便把皇帝之前賜予的一條犀帶（按：嵌有犀角的腰帶）拿去換錢，補貼工程款，但仍然不夠填補資金缺口。於是，他只好求助於弟弟蘇轍。蘇轍和妻子史夫人讚賞哥哥的愛民之心，慷慨捐出內宮賞賜的黃金，終於湊齊了工程款。

「兩橋一堤」工程大大方便了惠州人民的生活。經過八個月的施工，西新橋竣工的日子，全城歡天喜地，「三日飲不散，殺盡西村雞」。

蘇東坡還發現當地軍隊營房不足，部隊占用民房，因而造成軍民關係不和諧。於是，他便遊說政府營造三百間營房，將侵占的民房還給居民。

中國自古以農業為立國之本。農業的發展可以給人民帶來小康生活，而人民富足生活則是強國的基礎。蘇東坡在惠州，看到農民彎腰插秧，既勞累、效率又低，便極力推薦木製的秧馬，農民坐在秧馬上就可以拔秧、洗秧、插秧，不僅降低勞動強度，同時還能提高農作效率，「惠州之民皆以施用，甚便之」。不過，我遊歷過中國許多農村，大部分地區的農民還是面朝黃土背朝天地工作，即使沒有現代機械，為什麼秧馬也不見了呢？我對這件事感到很好奇。

來到惠州第二年的重陽節，官府延付蘇東坡的薪水，不僅衣服和食物緊缺，他的酒樽也見底了。於是，蘇東坡想到當年陶淵明不為五斗米折腰，常常沒飯吃、沒酒喝，於是重讀了陶淵明的〈詠貧士〉、〈乞食〉和〈歲暮和張常侍〉等詩。再看看自己眼前窘境，既與陶淵明同病相憐，又感覺對不起自己的家人，便和了陶淵明以上三首貧困境遇的詩，寄給兒子們分享。

〈和陶貧士〉其三提到，陶淵明雖窮仍可彈琴自娛，而蘇東坡此時已經沒有酒喝了。突然，官府發來餉金，他趕緊去酒館還錢：

誰謂淵明貧，尚有一素琴。
心閑手自適，寄此無窮音。
佳辰愛重九，芳菊起自尋。
疏巾嘆虛漉，塵爵笑空斟。
忽餉二萬錢，顏生良足欽。
急送酒家保，勿違故人心。

蘇東坡在〈和陶乞食〉詩中說自己雖然生活拮据，幸運的是還有薪米足以養活自己與家人。而陶淵明當年為追求自我真情，卻窮得乞食生存，令他感動和敬佩：

莊周昔貸粟，猶欲舂脫之。
魯公亦乞米，炊煮尚不辭。
淵明端乞食，亦不避嗟來。
嗚呼天下士，死生寄一杯。

斗水何所直，遠汲苦姜詩。
幸有餘薪米，養此老不才。
至味久不壞，可為子孫貽。

〈和陶歲暮和張常侍〉是蘇東坡在無米無酒時即興之作。他在引言裡談及接待吳遠遊、陸道士來訪時，酒盡米竭，便寫詩相贈的情景：「十二月二十五日，酒盡，取米欲釀，米亦竭。時吳遠遊、陸道士皆客於余，因讀淵明〈歲暮和張常侍〉詩，亦以無酒為嘆，乃用其韻贈二子。」

〈和陶東方有一士〉是蘇東坡居住在白鶴峰，生活在如同搖搖欲墜的瓶甕一樣的臨危境況下，讀陶淵明〈擬古〉其五有感而發。蘇東坡認為，這首詩中提到的「東方一士」就是陶淵明，而自己「屢從淵明遊，雲山出毫端」，表達不計憂患得失的超然之心。「借君無弦琴，寓我非指彈」，不僅是追和陶淵明的隱逸風流，還抒發自己的瀟灑自得。詩末有自注云：「此東方一士，正淵明也。不知從之遊者誰乎？若了得此一段，我即淵明，淵明即我也。」

▲圖 2-8　東坡居士像。

此時，**蘇東坡與陶淵明在精神上已融為一體。「飽吃惠州飯，細和淵明詩」**（按：出自黃庭堅〈跋子瞻和陶詩〉），**他未必「飽吃」，但確實著力於「盡和」**。

我們驅車沿江東行，來到東江南岸一處十幾公尺高的小山坡上，這裡就是蘇東坡在惠州自建的居所遺址。白鶴峰的地名來自先前坐落此地的道觀，其實它稱不上是峰，但周圍沒有比它再高的地方，而站在上面也的確能俯瞰東江，便以峰命名。

蘇東坡的老房子經過八、九百年的風雨滄桑，直到民國時期還在。一九九九年我來此地時，東坡祠還在惠州衛生學校（現惠州衛生職業技術學院）的校園內。而今，為了把東坡祠開發成一個重要旅遊景點，政府已經把學校遷走，眼前已沒有往日學生打籃球的景象。白鶴峰成了一個荒涼的建築工地，只有工匠們正用上好的石材和進口的東南亞圓木，重建東坡祠（見第八十頁圖2-9）。工匠們使用傳統手工藝，沒有任何電動工具，我對這種工匠精神深感欽佩，我想蘇東坡也會感動。我樂見東坡舊居修繕，只是內心希望能夠修建成東坡的清貧寒舍，而不是高屋大廈。

山坡上這塊地約有半畝多一點。蘇東坡根據此地前寬後窄的地形，設計、興建了二十間房，並將書房命名為「德有鄰齋」。房子蓋好，已別三年的長子蘇邁帶著自己的妻兒和蘇過的妻兒，從宜興來與蘇東坡、蘇過團聚。蘇東坡次子蘇迨善詩文，留在宜興家裡準備科舉考試，打算考完後再來嶺南與大家會合。

「子孫遠至，笑語紛如」，蘇東坡在〈和陶時運〉四首引言中欣慰的寫道：「丁丑二月十四日，白鶴峰新居成，自嘉祐寺（即嘉佑寺）遷入。詠淵明〈時運〉詩云：斯晨斯夕，言息其廬。似為余發也，乃次其韻。長子邁，與余別三年矣，挈攜諸孫，萬里遠至，老朽憂患之餘，不能無欣然。」

熱愛喝酒，也熱愛釀酒的蘇東坡

我們走進建築工地上東坡祠的第一進，在鷹架下開始了我們以詩會友的聚會。由我開頭，讀了蘇軾在惠州寫的〈和陶歸園田居〉，陶淵明的原詩〈歸園田居〉，在中國是老幼皆知的田園詩代表作。

蘇東坡很喜歡陶淵明的樂觀、積極、曠達。他在序中說：「始余在廣陵和淵明〈飲酒〉二十首，今復為此，要當盡和其詩乃已耳。」**蘇東坡此時已經把陶淵明看**

▲圖 2-9　東坡祠修建工地。

成知音，在盡和陶詩的過程中，與陶淵明對話、交流，反思自己的人生價值，並調整自己的心態。

陶淵明〈歸園田居〉：

少無適俗韻，性本愛丘山。
誤落塵網中，一去三十年。
羈鳥戀舊林，池魚思故淵。
開荒南野際，守拙歸園田。
方宅十餘畝，草屋八九間。
榆柳蔭後簷，桃李羅堂前。
曖曖遠人村，依依墟里煙。
狗吠深巷中，雞鳴桑樹顛。
戶庭無塵雜，虛室有餘閒。
久在樊籠裡，復得返自然。

蘇軾〈和陶歸園田居〉：

環州多白水，際海皆蒼山。
以彼無盡景，寓我有限年。
東家著孔丘，西家著顏淵。
市為不二價，農為不爭田。
周公與管蔡，恨不茅三間。
我飽一飯足，薇蕨補食前。
門生饋薪米，救我廚無煙。
斗酒與隻雞，酣歌餞華顛。
禽魚豈知道，我適物自閑。
悠悠未必爾，聊樂我所然。

楊子怡教授則用古體吟唱他自己寫的〈次韻東坡和陶歸園田居〉：

飲河期果腹，何羡鑄銅山。
自矜一畝宮，嶺海居廿年。
鳳城雕宰我，鵝郡塑顏淵。
二疏不留金，元龍輕求田。
羹食有藜藿，結廬兩三間。
弄孫學鳥語，呼鷗趨門前。
時學蘇門嘯，賞景看嵐煙。
興至慕詩聖，乘狂學米顛。
爭食羞雞鶩，老來樂偷閒。
問余何能爾，大道返自然。

楊教授唱畢，眾人興奮的鼓掌。隨即，王啟鵬老師即興朗誦大家耳熟能詳的

〈惠州一絕〉：

羅浮山下四時春，盧橘楊梅次第新。
日啖荔枝三百顆，不辭長作嶺南人。

當年蘇東坡到嶺南，吃到宮廷才吃得起的荔枝，想起杜牧「一騎紅塵妃子笑，無人知是荔枝來」的詩句，感覺自己比唐玄宗、楊貴妃幸福多了，貪吃荔枝停不下來。當地客家人知道荔枝吃多了會上火，就勸他說：「一顆荔枝三把火！」而蘇東坡誤聽為「日啖荔枝三百顆」，內心覺得這句子很美，便寫入詩裡。後來，他雖發現這句是他聽錯了，仍將這美妙的詩句保留下來。

人群裡最年輕的曹傑，也朗誦一首自己寫的詩〈師尊家賞佘手植黃月季步韻〉。所謂「有朋自遠方來，不亦樂乎」，尤其是一群來自五湖四海、跨三代的「蘇粉」，像走訪親戚一樣聚在蘇東坡的老家呢（見第八十五頁圖 2-10）！

吟詩之後，大家走到庭院右前方的鷹架下，這裡有一眼用鋼筋網蓋著的井，王啟鵬說，這就是蘇東坡當年挖掘的四丈深水井。在他挖這口井之前，居民們要「數百步抵江」把江水提到山峰上的居所。

▲ 圖 2-10　在蘇東坡故居工地，以詩與酒會友。

蘇東坡剛到這裡時，也汲江煎茶，雖然這充滿生活情趣和詩意，畢竟很不方便。得益於東坡井的鄰居，是翟秀才和賣酒的林婆，蘇東坡常常在林婆賣酒處賒酒喝：「無酒酤我，或乞其鄰。」蘇東坡跟各方鄰居們相敬如賓。在他眼裡，「吾上可陪玉皇大帝，下可以陪卑田院乞兒，眼見天下無一個不好人」。

蘇東坡喜歡喝酒，也喜歡自己釀酒。他貶官黃州時所寫的〈飲酒說〉，提到其中緣由：「州釀既少，官酤又惡而貴，遂不免閉戶自醞……然甜酸甘苦，忽然過口，何足追計，取能醉人，則吾酒何以佳為？但客不喜爾，然客之喜怒，亦何與吾事哉！」

釀酒材料，他因地制宜；至於釀酒配方，他也與時俱進。蘇東坡在黃州曾釀蜜酒，其〈蜜酒歌〉序云：「西蜀道士楊世昌善作蜜酒，絕醇釅。余既得其方，作此歌遺之。」蘇東坡知定州，曾釀松醪酒，撰〈中山松醪賦〉，他在〈與程正輔提刑〉其四也提到這種酒：「向在中山，創作松醪，有一賦，閑錄呈，以發一笑。」

在惠州，蘇東坡用當地百姓的酒方，釀出萬家春酒和真一酒。其〈浣溪沙〉詞序云：「紹聖元年十月二十三日與程鄉令侯晉叔、歸善簿譚汲同遊大雲寺，野飲松下，乃設松黃湯，作此闋。余近釀酒，名之曰『萬家春』，蓋嶺南萬戶酒也。」〈真一法酒寄建安徐得之〉裡則寫道：「嶺南不禁酒，近得一釀法，乃是神授。只用白麵、糯米、清水三物，謂之真一法酒。釀成，玉色有自然香味，絕似王太尉馬家碧玉香也。奇絕奇絕！」

我們此行選擇**用蘇東坡在惠州喜歡釀的桂酒向他致謝**。蘇東坡在〈桂酒頌〉中寫道，他從一位老道人那裡獲得釀製桂酒的祕方，老道士說桂酒可以抵禦瘴氣、增強體質、延年益壽。其〈新釀桂酒〉云：「爛煮葵羹斟桂醑，風流可惜在蠻村。」〈與錢濟明簡〉云：「嶺南家家釀酒，近得一桂香酒法，釀成不減王晉卿家碧香，亦謫居一喜事也。」從此，蘇東坡在惠州每天都喝一杯桂酒，身體也逐漸硬朗起來。桂酒後來也成為蘇東坡招待客人時，必定會端上的佳釀。

李昕從「東坡酒」的酒瓶裡，為大家斟上桂酒。東坡協會的朋友們知道桂酒與蘇東坡、惠州的淵源，也為我們能準備到如此的東坡細節而讚嘆不已。我們將第一杯酒倒進東坡井裡，獻給蘇東坡，第二杯獻給各地的東坡迷，而第三杯我們互相碰杯，一飲而盡，慶祝我們因蘇東坡結緣、成為朋友（見第八十九頁圖2-11）。

可惜，好景不常在，蘇東坡搬入此處新居才兩個月，就被貶去海南了。蘇東坡被貶儋州期間，蘇邁一家人留在惠州白鶴峰守護家產。

白鶴峰上賣酒的林婆，失去了她最好的鄰居和客人。而今天，蘇東坡留給她的這座千年老井，喝下了一口東坡酒。

「欲把西湖比西子」，東坡紅粉知己王朝雲

東坡協會的朋友們招待我們「飽吃惠州飯」後，請我們到協會的辦公室喝下午茶。會長介紹，在蘇東坡住過的十六個城市，都有蘇東坡研究會和蘇東坡紀念館，但惠州的東坡協會算是最活躍的一個。會員有學者、學生、作家、詩人、企業家及普通市民，辦公室則是大家集資租用，用以接待訪客、舉辦聯誼活動。

此外，協會也主辦一份《東坡文化》期刊，發表仰蘇的書畫作品，頌蘇、和蘇的詩詞，以及有關蘇軾的研究或文章。其中有位作者寫他買到刻有「進盞」字樣的古董茶碗，並藉由專家鑑定得知這是宋代福建建窯燒的宮廷進貢御瓷，進而層層推

▲圖 2-11　在東坡井，向蘇東坡敬酒。

理其為蘇東坡被貶來惠州時，隨身帶來飲茶用的茶碗。雖然還有其他各種可能，但我喜歡這位作者樂觀的心態。

另有一篇文章探究蘇東坡去世的病因。蘇東坡人生的最後一百多天裡，每天的生活、用藥都有他自己和他人的文字記載。來自河南郟縣的兩位作者根據多方考證，斷定蘇東坡的「瘴毒大作」除了痢疾外，還有因長期營養不良造成的再生不良性貧血（按：骨髓造血功能受到破壞或抑制，導致白血球、紅血球及血小板等血球減少），這樁千古疑案終於水落石出！

一番茶話之後，我們告別東坡協會的朋友們，回酒店稍事休息。休息後，我和李昕、殷雲一起步入酒店對面的西湖風景區。惠州城西的湖是由平湖、豐湖、南湖、鱷湖和菱湖五個湖組成，因蘇東坡詩詞而得「西湖」之名。蘇東坡兩次出官杭州，寫過一百六十首頌揚杭州西湖的詩，其中最琅琅上口的莫過於〈飲湖上初晴後雨〉之二了：

水光瀲灩晴方好，山色空濛雨亦奇。

欲把西湖比西子，淡妝濃抹總相宜。

這首詩所說的西子是西施，也隱喻西湖藝妓王朝雲。宋神宗熙寧四年，蘇東坡任杭州通判時，與幾位文友在西湖宴飲，被歌舞助興的王朝雲姿色和舞技所吸引。蘇東坡靈感頓至，揮毫寫下傳頌千古的佳句，將旖旎的西湖與西子般氣質的王朝雲相互比擬。宴會後，蘇東坡贖出時年十二歲的王朝雲，入蘇家做侍女。

王朝雲來到蘇家，受到蘇東坡、王閏之夫婦善待。蘇軾原配夫人王弗是長子蘇邁之母，來自大戶人家，受過很好的教育，常常跟蘇東坡一起讀詩論畫，可惜她二十七歲便病逝了。王弗去世三年後，蘇東坡續弦娶了賢妻良母型的王閏之，她育有二子蘇迨和蘇過，與蘇東坡相伴二十六年，死後與蘇東坡合葬在河南郟縣。

王朝雲聰慧機敏，是蘇東坡的人生知己。蘇東坡有一天吃完飯，摸著肚皮笑問周圍的人，肚子裡是什麼，周圍的人都說：「先生一肚子學問和智慧。」唯有王朝雲回答：「學士一肚子不合時宜。」蘇東坡捧著肚子大笑說：「知我者，唯有朝雲也。」蘇東坡受到新舊兩黨的左右夾擊，他也知道自己不迎合世俗，而與當權者不

▲圖 2-12　宋代荷葉杯（北宋汝窯青瓷蓮花式溫碗，現藏於臺北故宮博物院）。

▲圖 2-13　俯瞰惠州西湖。

合、屢遭貶謫。

蘇東坡在杭州三年，之後又遷密州、徐州、湖州、黃州。家中從人一個個離開，王朝雲卻生死相依，到了黃州後由侍女改為侍妾，與他共同生活二十多年。

蘇東坡被貶往惠州時，將僕人陸續遣散，王朝雲追隨他長途跋涉到惠州，陪伴他度過貶謫嶺南的艱難歲月。蘇東坡感嘆作〈朝雲〉詩曰：

不似楊枝別樂天，恰如通德伴伶玄。
阿奴絡秀不同老，天女維摩總解禪。
經卷藥爐新活計，舞衫歌扇舊因緣。
丹成逐我三山去，不作巫陽雲雨仙。

到惠州三年後，王朝雲因不適嶺南悶熱的氣候而得瘟疫。蘇東坡拜佛念經，尋醫煎藥，希望朝雲早日康復。

我們向西跨過蘇堤、到了孤山，來到山坡上的王朝雲墓。我的一個美國朋友非常崇拜王朝雲，一九九九年我來惠州時，她託我帶一塊綠寶石給王朝雲，就放在墓旁。我伸手在草叢裡摸索了一會兒，沒有找到，或許它已經進到土裡了吧。

王朝雲一生向佛，臨終前她撫著蘇東坡的手念《金剛經》的四句偈：「一切有為法，如夢幻泡影，如露亦如電，應作如是觀。」意思是：一切都是命中註定，人生如夢境和幻影，又像露水和閃電一樣瞬間即逝，明白了這些心裡就會坦然放下，追求永恆的歸宿。王朝雲於一〇九六年病逝，年僅三十四歲。

蘇東坡將她葬在西湖畔的山林裡，並寫了〈朝雲墓誌銘〉、〈惠州薦朝雲疏〉、〈西江月．梅花〉、〈雨中花慢．嫩臉羞蛾〉和〈題棲禪院〉等多篇詩文，悼念這位紅顏知己。後來，蘇東坡在儋州時，以和陶詩〈和陶和胡西曹示顧賊曹〉表達他對王朝雲的思念：

長春如稚女，飄颻倚輕颸。
卯酒暈玉頰，紅綃卷生衣。
低顏香自斂，含睇意頗微。

▲圖 2-14　在王朝雲墓前敬酒。

寧當娣黃菊，未肯姒戎葵。
誰言此弱質，閱世觀盛衰。
頩然疑薄怒，沃盥未可揮。
瘴雨吹蠻風，凋零豈容遲。
老人不解飲，短句餘清悲。

蘇東坡在王朝雲墓前建六如亭，並寫下楹聯紀念她：

不合時宜，惟有朝雲能識我；
獨彈古調，每逢暮雨倍思卿。

我把東坡酒獻給王朝雲（見第九十六頁圖2-14），感謝她成為蘇東坡的知音，陪伴他度過南貶歲月。我吟誦她臨終時所誦《金剛經》：「一切有為法，如夢幻泡影，如露亦如電，應作如是觀。」

▲圖 2-15　與出家人遙望湖面。

看完孤山上的蘇東坡紀念館，我們向西走到準提寺，據說蘇東坡也在這裡暫住過。在準提寺前的西湖邊，一位出家師父遙望著湖面，若有所思。當我問他「如何到達彼岸」時，他一臉茫然（見第九十八頁圖 2-15）。

晚餐後殷雲跟我們道別，她要回深圳參加中醫培訓班，幾天後再跟我們會合。一天的興奮下來，我也感到疲倦，就早早上床休息了。睡覺前打開電腦，看到楊子怡教授寄來〈陪美國漢學家比爾．波特一行惠州尋覓蘇跡詩草〉五首。

特錄兩首如下：

〈白鶴峰東坡井上憑弔東坡〉　楊子怡

序：美國漢學家比爾．波特一行蒞惠尋覓東坡足跡，至白鶴峰，同人吟唱東坡寓惠詩並酹以桂酒緬懷東坡。

衣冠整肅立朱陽，井上清吟奠桂漿。
莫笑當時落寞甚，千年門閭姓名香。

〈遊合江樓〉　楊子怡

覓句同遊不上樓，無端又怕惹閒愁。
東坡當日應如我，北望憑軒是首丘。

曹傑有感於我們一天的訪惠州東坡遺跡之行，也寄來和詩一首〈步東坡十月二日初到惠州韻〉：

花木池臺入夢中，依稀幾度似新豐。
尋人不遇孤山客，戴笠歸來琢字翁。
三酹當年黃桂酒，九敲綽板大江東。
馨香俎豆千秋後，萬里知音再會公。

人曰：「一自坡公謫南海，天下不敢小惠州。」果不其然，東坡詩魂猶在。

蘇東坡沐浴過的溫泉和瀑布

第二天，儘管天氣預報有陣雨，但依然豔陽高照，蘇東坡還是照顧著我們。我們看過惠州博物館後，搭車四十分鐘到惠州北面的博羅縣，探訪白水山湯泉。

沒有前往下一站的合適航班，因此我們決定在惠州再待一晚。李昕建議，與其看完博羅湯泉再返回惠州市，不如在旁邊的湯泉酒店住一晚。既來之，何不安之，體驗一下東坡流連忘返的湯泉？而事實證明，這是個一舉兩得的明智決策。

車子駛過湯泉酒店宮殿般的長廊門樓，停在迎賓閣樓門口。我們繞過一個浮出水面的紅色木柱鑲銅門樓、跨過一座紅色木橋，來到大理石鋪地的迎賓大廳。中式大堂寬敞明亮，落地窗外龍珠湖湖光粼粼，碼頭上紅燈籠高掛，客船等待著，要將客人擺渡到對岸的徽式青瓦客房。建築和裝飾的每個細節，都顯示了主人典雅的品味和格調。

正值中午，大廳裡只有我們辦理入住。櫃臺服務人員滿臉微笑的接待我們。我跟服務人員索取一張當地的地圖，準備步行考察蘇東坡沐浴過的溫泉和瀑布，但她

▲圖 2-16　湯泉瓦當。瓦當是屋檐最前面的瓦，有保護檐頭、排水防水、美化屋面等功用。

▲圖 2-17　酒店房間的牆上，有蘇東坡詩詞〈鷓鴣天・林斷山明竹隱牆〉。

的回答差點讓我跌破眼鏡。她說這些景點就在酒店的範圍之內，但屬於地產開發的第二期，目前已經隔離在施工區內，不對外開放。

我們原以為聽錯了，這樣的文化遺產景點，竟在地產企業的開發範圍內？那其他的東坡迷和遊客怎麼能看得到？我們再次解釋並確認了一次，她沒有聽錯，遺址的確是在這裡，但不允許參觀。我們大失所望，蘇東坡若有知一定也會失望。

酒店的電動車沿著東坡路上坡，將我們送到房間。打開房門，豁然映入眼簾的是毛筆行書題在牆上的蘇軾〈鷓鴣天・林斷山明竹隱牆〉，好似蘇東坡剛在這裡過夜而留下的酒後醉筆（見第一〇三頁圖 2-17）。

我們放下行李，便出來探尋附近有沒有能從遠處看到蘇東坡遺跡的地方。既然此地叫做湯泉酒店，我們就從酒店的溫泉開始。溫泉櫃臺的服務人員聽了我們探尋東坡遺跡的來意，告訴我們裡面的確有「蘇子泉」和瀑布，但此泉非彼泉。

東泉眼是熱水泉，蘇東坡剛到惠州，就在十二月十二日跟蘇過兩人來湯泉一日遊，次年三月四日又受太守詹范之邀來泡溫泉、遊瀑布。但由於歷代人一直都在使用這個溫泉，尤其是現在被開發成高級度假酒店，反而沒有古跡可循。而西泉眼是冷水泉，也是蘇東坡沐浴過的，舊址還在，只是古泉眼被開發商圍起來了。但服務人員有個提議，能讓我們從遠處看到九龍潭瀑布。她像是蘇東坡派來的天使，送給我們一份大驚喜！

幾分鐘後，酒店的電動車就來接我們了，銷售中心的小劉拿著彩色宣傳冊，為我們介紹這個占地兩千五百五十畝（按：約一百七十公頃）的巨大建設群，這裡除了酒店外，其餘是對外出售的精品度假別墅，我們也做好了扮演買家的準備。然而，別墅首期已經售罄，下一期還沒開賣，所以小劉也只能帶我們看兩間樣品屋，並沒有向我們推銷。別墅的設計很有品味，每棟有獨立的庭院、溫泉泳池和碼頭。人間仙境，不過如此，豪華程度與價格都令我咂舌。買湖景別墅不是我的目標，但萬一哪天我的書大賣呢？夢想一下也無妨吧！

小劉說，湯泉酒店的客人大多是衝著溫泉而來，追蹤東坡遺跡的不多，似乎沒有「大蘇死去忙不徹，三教九流都扯拽」的感覺。而我想，那些衝著蘇東坡而來，卻沒錢住酒店的人，可能在門口就被保全攔下來了吧。我希望整修之後，東坡古跡能夠對像我這樣的普通人開放。蘇東坡是人類文明的驕子，當與天下共之。

▲圖 2-18　蘇東坡沐浴過的西泉。

▲ 圖 2-19　效法蘇東坡晞髮懸瀑。

我們急於遠眺瀑布，小劉卻提議帶我們去看湯泉泉眼。我簡直不相信我的耳朵：「你是說，我們能看得到蘇東坡沐浴過的古湯泉？」看來，蘇東坡再次為我們開了一扇門。

鐵門打開，穿過「泉眼」牌樓，我們彷彿穿越時光隧道、回歸世外桃源。一座古石橋跨過一條潺潺小溪，通向幽靜之處。橋對面、草叢中的一塊石頭，上面刻著「嶺南第一湯」。拾階而上，**雜草叢中一垣矮牆圍繞著的，就是蘇東坡沐浴過的湯泉泉眼**（見第一〇六頁圖2-18）！

我從背包裡拿出《和陶合箋》，讀蘇東坡六十歲時作的〈和陶歸園田居〉序：「三月四日，遊白水山佛跡巖，沐浴於湯泉，晞髮於懸瀑之下，浩歌而歸……。」

讀罷，我們循著水聲上行約五十公尺，看到泉水從一水池側面石雕的盤龍口中汩汩而出。既然我們不能爬山到九龍潭瀑布，此地就權作我晞髮懸瀑之處了！雖然我沒有宋代男士們的及腰長髮，又有點禿頂，我還是效法蘇東坡，體驗晞髮懸瀑的爽快（見第一〇七頁圖2-19）。在已經入夏的嶺南，用清涼的泉水洗浴一下，的確清爽。太陽一照，既用不著風乎懸瀑，也還沒來得及浩歌，頭髮就乾了。

浩歌而歸前，小劉還是帶我們遠眺瀑布。我們搭乘擺渡船，蕩舟龍珠湖。這木船是蘇東坡「小舟從此逝，江海寄餘生」的宋式客船，有一個帶頂棚的客艙和中式門窗。當年，東坡夜遊赤壁，南謫嶺南和艤舟常州用的都是這種風格的客船。除了窗上的玻璃，其他部分與千年前並無相異。不過，我們的船夫沒有用木槳划船，而是啟動引擎，在寂靜的湖面上悄然滑行。

小劉指著遠處山上的幾塊巨石說，那裡就是九龍潭瀑布所在處，因為正在加固整修，瀑布的水被引流到別處，現在只能看到幾塊巨石。

電動車送我們回到酒店房間。我們真不知道怎麼感謝小劉才好，他也像是蘇東坡派來照顧我們的天使。我回家之後，寄給他一本簽了名的《尋人不遇》，以聊表謝意。

稍事休息後，我們再次來到酒店的溫泉，櫃臺服務人員已經換班了，我們沒能再次感謝先前那位天使。

我們換上泳衣，洗浴後進入溫泉。這裡有懸瀑下的「蘇子泉」大池子（見第一一〇頁圖 2-20），也有幾個藏在樹林裡的小湯池。我想起當年我住在臺灣的陽明山

▲ 圖 2-20　蘇東坡沐浴過的東泉，現稱「蘇子泉」。

▲圖 2-21　蘇子泉泡湯，聯想蘇東坡詩句：「雖無傾城浴，倖免亡國汙。」

農舍裡時，冬天山上很冷，偶爾還下雪，凍得手都不聽使喚。陽明山是座火山，當地農民接了水管建溫泉澡堂，日夜開放。溫泉離我的農舍只有兩、三分鐘路程，因此我有時一天會泡三、四次湯，讓我的手暖起來，再回農舍用打字機寫東西。近水樓臺先得月，何樂而不為呢？

我喜歡洗熱水澡，於是選了林子裡最熱的一個湯池，滾燙的泉水讓我立即想到蘇軾〈詠湯泉〉：「積水焚大槐，蓄油災武庫……鬱攸火山烈，觱沸湯泉注。」蘇東坡聯想到唐明皇不理國事，和楊貴妃沉醉在長安臨潼華清池洗鴛鴦浴，幾近亡國的景象，詩的最後則說因惠州湯泉地點偏僻，人跡罕至，所以也耽誤不了大事：「雖無傾城浴，倖免亡國汙。」（見第一一二頁圖 2-21）

我環顧四周，沒看到楊貴妃，她是不是去簽收荔枝了？荔枝也恰是蘇東坡寓惠時所愛。他在初食荔枝後寫下：

南村諸楊北村盧，白花青葉冬不枯。
垂黃綴紫煙雨裡，特與荔枝為先驅。

海山仙人絳羅襦，紅紗中單白玉膚。
不須更待妃子笑，風骨自是傾城姝。

東坡肉食譜，是一首詩

我們洗浴完畢，沿路走下山。服務人員在東坡廳門口笑臉迎來，我想，她一定也是蘇東坡派來的好朋友。她為我們安排了窗邊最好的湖景桌位，如果蘇東坡在這裡，這一定會是他的專屬座位，而若有別人想要，服務人員則會說：「蘇先生已預訂了。」

晚餐是這裡的招牌菜東坡肉、東坡豆腐、清炒芥藍，配東坡酒（見第一一四頁圖2-22）。**蘇東坡不只是文學家，他還是個美食家。他受貶黃州時，用當地廉價的豬肉發明了東坡肉**，並將食譜和烹調方法寫成一首詩：「淨洗鐺，少著水，柴頭罨煙焰不起。待他自熟莫催他，火候足時他自美。黃州好豬肉，價賤如泥土。貴者不肯吃，貧者不解煮。早晨起來打兩碗，飽得自家君莫管。」如今，東坡肉是最受歡迎

▲圖 2-22　東坡酒與東坡肉。

的中式餐點之一，是一道無人不曉的名菜。

我們的餐後酒是李昕帶來的威士忌，是一位外國朋友在一九九〇年代送給李昕父親的禮物，在老李先生的酒櫃裡保存二十多年。濃郁的威士忌，讓我聯想到葛洪的仙藥，但我沒有成仙的企圖——至少我不想現在就成仙。

紹聖二年三月四日，蘇東坡隨太守詹范沐浴湯泉後，回到嘉佑寺家裡，聽到兒子蘇過誦陶淵明〈歸園田居〉詩六首，「乃悉次其韻。始余在廣陵和淵明〈飲酒〉二十首，今復為此，要當盡和其詩乃已耳。」今天來到湯泉，是我們的唱和蘇詩之行，當然也是隨蘇東坡和陶淵明詩之行。我們成了橫跨一千七百年詩歌對話的一部分。詩歌、溫泉、美食加陳年老酒，倘若生活真像我們體驗的惠州這樣淋漓盡致，我也會「不辭長作嶺南人」。

蘇軾〈和陶歸園田居〉其三，再次回味他在湯泉的經歷：

新浴覺身輕，新沐感髮稀。
風乎懸瀑下，卻行詠而歸。

仰觀江搖山，俯見月在衣。
步從父老語，有約吾敢違。

哲宗元祐八年（一〇九三年），宣仁太后逝世，哲宗親政，起用章惇為首席宰相。大權在手的章惇，瘋狂報復元祐年間的政敵，而蘇氏兄弟便是章惇重點打擊的對象。

蘇東坡長子蘇邁，本來已得到惠州旁邊韶州的仁化縣令一職，而朝廷以貶官子弟不得在臨地任職為由，取消蘇邁的官職，加重了蘇東坡一家生活上的經濟負擔。然而，蘇東坡處世豁達，苦中作樂的寫了一首〈縱筆〉詩，描寫自己在春風中酣睡的情景自娛：

白頭蕭散滿霜風，小閣藤床寄病容。
報導先生春睡美，道人輕打五更鐘。

這首詩傳到章惇耳裡，他惱羞成怒：「蘇子瞻竟然如此逍遙快活！」紹聖四年（一〇九七年），**蘇東坡在新居裡享受子孫滿堂的美好日子僅兩個月，就接到僅次於死刑的處罰——貶到海南儋州**。蘇東坡輾轉南行到達雷州半島，準備從這裡渡海到海南。而**雷州也是蘇軾和弟弟蘇轍的訣別之地**。

我們的下一站就是雷州。好巧不巧，好像有人把我們在湯泉「極致東坡」的享樂，一狀告上雷公了……。

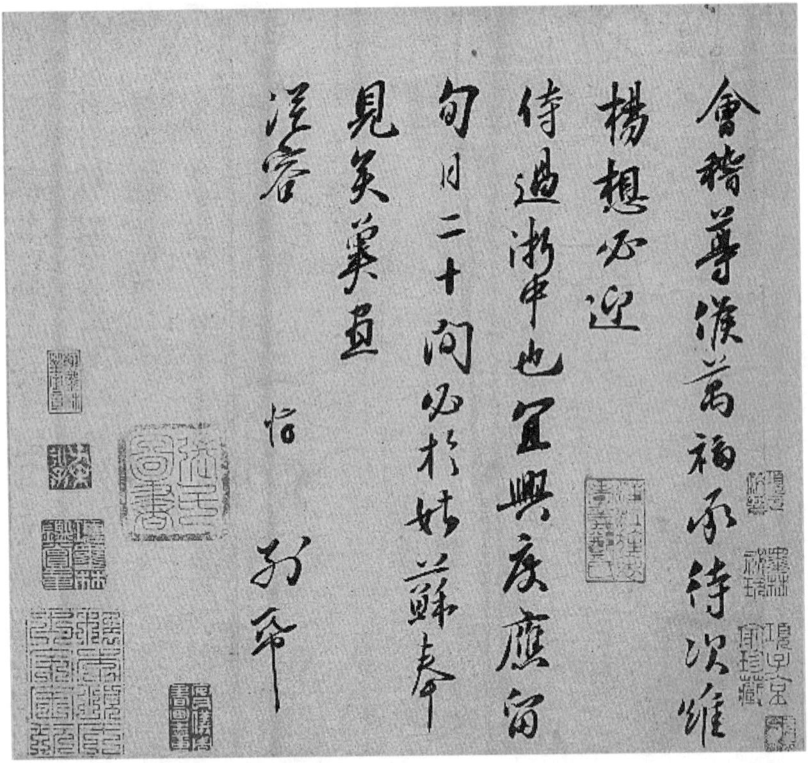

▲圖 2-23　章惇行書〈會稽帖〉，現藏於臺北故宮博物院。文字為：「會稽尊候萬福。承待次維揚。想必迎侍過浙中也。宜興度應留旬日。二十間必於姑蘇奉見矣。冀盡從容。惇別紙。」

第三章

茫茫海南北，此去能否再相見？

雷州，蘇東坡前往儋州的停留點，與弟弟蘇轍在此道別。
彷彿是提醒當年東坡行路之難，大雷雨打亂停留雷州的行程……。

次日清晨，我們在湖景盡收的「東坡桌」用完早餐，接著乘車前往廣州。蘇東坡在惠州期間曾來過廣州，他發現當地居民沒有乾淨的淡水喝，便設計了由粗竹子節節相連的自來水管道系統，把山泉水引到廣州城裡，所以人們在想到蘇東坡時，除了文學家、政治家、書法家、畫家等頭銜外，還將他尊為水利工程專家。

一一〇〇年，蘇東坡和兒子蘇過從海南返北途中，和從宜興來的蘇迨、惠州來的蘇邁在廣州闔家團聚。這次我們著重拜訪蘇東坡寫和陶詩的地方，因此廣州只被我們列為中途停留點，雖然停留時間遠比我們的計畫還長了許多。

回想我們惠州之行，一路上得到蘇東坡的照顧，給了我們「極致東坡」的體驗，我們感恩不盡，但也知道南貶之路不會都這麼順利。我們今天的計畫是從廣州飛往湛江，接著驅車南行到雷州。**雷州是蘇軾從惠州再貶海南儋州時，與弟弟蘇轍話別的地方**。

車子才剛駛離惠州，暴雨便傾盆而下，如銅錢般大的雨滴砸在車上，汽車打著雙黃燈慢慢前行。離開了東坡領地，老天似乎也承受不住為我們拖延而積累多天的雷雨。

近三個小時後，我們終於趕到機場，辦好登機手續，到候機室等待雷雨停下來。然而，雨越下越大，還夾雜閃電雷鳴。機場電視播報著新聞，報導這是廣州經年罕見的大暴雨，很多地方都淹水了。

所有的航班都已延誤，而我們的小飛機也被取消了。下一個航班是晚上，還不確定能不能如期起飛。而最近的一班火車也要等到下午四點，到湛江已是晚上十點，如何安排從機場去火車站的車輛也是個大問題。在這樣的滂沱大雨中，我們不想勞累司機長途駕車。

似乎是雷公在提醒我們，當年蘇公的行路之難，**流放不是美酒吟詩，發配也不是車轎溫泉**。

好在雷州是蘇東坡南貶海外的中停（按：Stopover，指在轉機城市停留超過二十四小時）之地，也是我們本次旅行中，唯一沒有安排和當地專家訪談的地方。雷公沒有批准我們中停雷州的計畫，我們也就無法在雷州西湖邊的東坡亭祭拜蘇氏兄弟，無法體驗乘船橫跨瓊州海峽了。

蘇轍（一〇三九年—一一一二年），字子由（見第一二二頁圖 3-1）。嘉祐二年

▲圖 3-1　蘇轍像。

與其兄蘇軾同登進士。他們不僅是兄弟，還是唱詩和詞的良友、政治上榮辱與共的夥伴，同時也是精神上的知音。

蘇氏兄弟從小受到父母的薰陶，兩人一起讀書，文風亦頗見相似之處，有諸多兄弟二人思念彼此的詩作。

蘇氏兄弟唱和的經典之作，當屬他們在一〇六一年寫下的「飛鴻雪泥」。當時，蘇東坡首次出仕陝西，和蘇轍在鄭州話別。蘇轍回想起四年前，父親攜兄弟二人一起進京趕考時，投宿老僧奉閑寺廟的情景，有感而寫了〈懷澠池寄子瞻兄〉贈予蘇東坡話別：

相攜話別鄭原上，共道長途怕雪泥。
歸騎還尋大梁陌，行人已度古崤西。
曾為縣吏民知否？舊宿僧房壁共題。
遙想獨遊佳味少，無方騅馬但鳴嘶。

蘇軾隨即提筆寫下〈和子由澠池懷舊〉給弟弟：

人生到處知何似，應似飛鴻踏雪泥。
泥上偶然留指爪，鴻飛那復計東西。
老僧已死成新塔，壞壁無由見舊題。
往日崎嶇還記否，路長人困蹇驢嘶。

蘇東坡以禪意玄思的筆觸，感嘆人生像飛鴻在雪地上留下的爪印一樣，當天氣變暖、雪融化就沒痕跡了。時過境遷，老僧已故，牆壁上的題詩也不見了。回想自己當年騎著蹇驢，在泥濘中掙扎著前行，道路崎嶇而未來又不明朗。

蘇東坡看透了世態炎涼，坦然面對跌宕的人生，同時又幽默以對自身的窘迫狀態，正如文學家林語堂所說：「蘇東坡是個秉性難改的樂天派，是生性詼諧愛開玩笑的人。」

雷州，蘇家兄弟最後的話別地

一〇七六年，蘇東坡寫思念弟弟的〈水調歌頭〉更可謂千古絕唱。當時，蘇東坡在山東密州，蘇轍在濟南，五百里之隔，似天地之遙，兄弟兩人已五年未見。蘇東坡把酒問天：何時能跟弟弟團聚，共賞明月？「但願人長久，千里共嬋娟。」兄弟相思之情在此名篇中，表現得淋漓盡致。

明月幾時有？把酒問青天。
不知天上宮闕，今夕是何年？
我欲乘風歸去，又恐瓊樓玉宇，高處不勝寒。
起舞弄清影，何似在人間？
轉朱閣，低綺戶，照無眠。
不應有恨，何事長向別時圓？

人有悲歡離合，月有陰晴圓缺，此事古難全。
但願人長久，千里共嬋娟。

兄弟兩人志趣相投，政見相合，也同樣受到政治打擊和迫害。一〇九七年，蘇東坡自惠州再貶海南儋縣，其弟蘇轍亦謫雷州。五月，「同是天涯淪落人」的兄弟兩人，在貶途之中相遇於廣西藤州，接著一起來到雷州。

蘇東坡初寄寓雷州羅湖邊的天寧寺，與弟蘇轍常到寺旁羅湖泛舟賞月、吟詩抒懷。因為這段因緣，羅湖也更名為西湖。

該年六月十一日，蘇東坡即將在雷州半島南端的遞角場渡海南下，「魑魅逢迎於海外」（蘇軾〈到昌化軍謝表〉），「無復生還之望」（蘇軾〈與王敏仲書〉其一）。蘇轍含淚送別哥哥，不知此生能否再見面。

臨別之時，蘇東坡喝醉引起痔瘡發作，痛苦難忍。蘇轍便借用陶淵明〈止酒〉詩，勸哥哥別再飲酒：「徒知止不樂，未知止利己。始覺止為善，今朝真止矣。從此一止去，將止扶桑涘。」意思是從此停止飲酒，將到達太陽升起的扶桑水邊，青春常駐。

而蘇東坡則作〈和陶止酒〉以答弟弟，這是蘇氏兄弟的最後一次面別，在你唱我和之中表達了手足間的萬般離情。

蘇東坡到了海南，立冬後連日風雨，海船停運，無法收到弟弟蘇轍的信件，他寫下〈和陶停雲〉表達對弟弟的相思之意，等恢復海運之日寄給蘇轍。其一云：

停雲在空，黯其將雨。
嗟我懷人，道修且阻。
眷此區區，俯仰再撫。
良辰過鳥，逝不我佇。

天氣好轉、航路恢復之後，蘇轍收到哥哥的詩，寫了〈和子瞻次韻陶淵明停雲詩〉以覆：

雲跨南溟，南北一雨。
瞻望匪遙，檻阱斯阻。
夢往從之，引手相撫。
笑言未半，舍我不佇。

兄弟二人一貫疾惡如仇、仗義執言。一〇九八年，蘇東坡在儋州時，冒著被打擊報復的風險，揭露貪官汙吏的醜行。他在〈和陶擬古〉其六詩中，點名斥責當地兩名官員砍伐沉香斂財，甚至連胡椒都不放過的惡行：

沉香作庭燎，甲煎粉相和。
豈若炷微火，縈煙裊清歌。
貪人無饑飽，胡椒亦求多。
朱劉兩狂子，隕墜如風花。
本欲竭澤漁，奈此明年何。

蘇東坡藉和陶詩的形，抒發自己的心聲。此時，弟弟蘇轍也在和哥哥的詩〈次韻子瞻和淵明擬古〉其七中回應：

憂來感人心，悒悒久未和。
呼兒具濁酒，酒酣起長歌。
歌罷還獨舞，黍麥力誠多。
憂長酒易消，脫去如風花。
不悟萬法空，子如此心何。

一〇九七年六月，蘇東坡把寫好的《和陶詩集》寄給在雷州海康的弟弟，請蘇轍寫序言。蘇轍在〈追和陶淵明詩引〉裡引用蘇東坡來信：

古之詩人有擬古之作矣，未有追和古人者也。追和古人則始於東坡。吾於詩人，無所甚好，獨好淵明之詩。淵明作詩不多，然其詩質而實綺，癯而實腴……吾前後和其詩凡百有九，至其得意，自謂不甚愧淵明……平生出仕，以犯世患，此所以深愧淵明，欲以晚節師範其萬一也。

他說蘇東坡做官三十幾年，因堅持原則而致陷此大難，卻又想把晚年的精神寄託於不肯為五斗米折腰的陶淵明，誰能為他評斷是非呢？儘管如此，蘇東坡做官的對錯進退有證可考，後世之人必然會有公正評斷。

雷雨打亂了我們中停雷州的計畫，加上已與海南的朋友們約好了，於是我們便選擇直飛海口。飛機越過雷州上空時，我讀了蘇東坡寫給弟弟的〈和陶止酒〉（見第一三一頁圖3-2）：

時來與物逝，路窮非我止。
與子各意行，同落百蠻里。
蕭然兩別駕，各攜一稺子。
子室有孟光，我室惟法喜。

▲ 圖 3-2　飛機越過雷州上空時，讀〈和陶止酒〉以念。

相逢山谷間，一月同臥起。
茫茫海南北，粗亦足生理。
勸我師淵明，力薄且為己。
微屙坐杯酌，止酒則瘳矣。
望道雖未濟，隱約見津涘。
從今東坡室，不立杜康祀。

傍晚時分，飛機抵達海南，雨過天晴（見第一三三頁圖3-3）。橘紅色的陽光穿過雨後的烏雲，灑在海南熾熱的土地上。

▲圖 3-3　越過雷州，直抵海口。

第四章

放逐儋州，東坡不幸海南幸

在北宋，儋州（海南）可説是天涯海角，
蘇東坡也不知道自己還能不能活著離開。
沒有書，他就反覆讀陶淵明，直到遇赦時寫下最後一首和陶詩。

我和李昕原本打算跟蘇東坡一樣乘渡輪到海南島，但我們也不介意搭飛機。抵達海南後，我們從海口機場搭計程車，往儋州方向駛去。

海南是大宋王朝的南疆，也是朝廷能發配蘇東坡的最遠之地。儋州古稱儋耳郡，郡府設在現今的中和鎮，駐紮漢人戍軍。蘇東坡跟其他南貶的官員一起成為早期移民海南的漢人，也是其中最有名的一位。

計程車載著我們向西開上一條新建的高速公路。雖然還沒完全建好，但比起走原來的小路已容易多了。海南溫熱的空氣從車窗吹進來，我覺得很舒服。蘇東坡當年沒有汽車和高速公路，但他呼吸的空氣一定也這麼新鮮。

從海口去中和古鎮的公路上，堵滿各種車輛（見第一三九頁圖4-3）。海口向西的輕軌已經連接城西的港口，而環島高鐵西線正在建設中。六輛標有「海南核電」的巴士載滿工程人員，與我們並排西行，說明核電即將來到這個中國第二大海島。

員警和道路施工工人正在處理一起交通事故，一輛裝載木材的貨車越過路障，衝入路邊的椰樹林裡，木材散落一地，貨車駕駛座已扭曲得不成樣子。我內心祈求司機沒有大礙，平平安安回家。

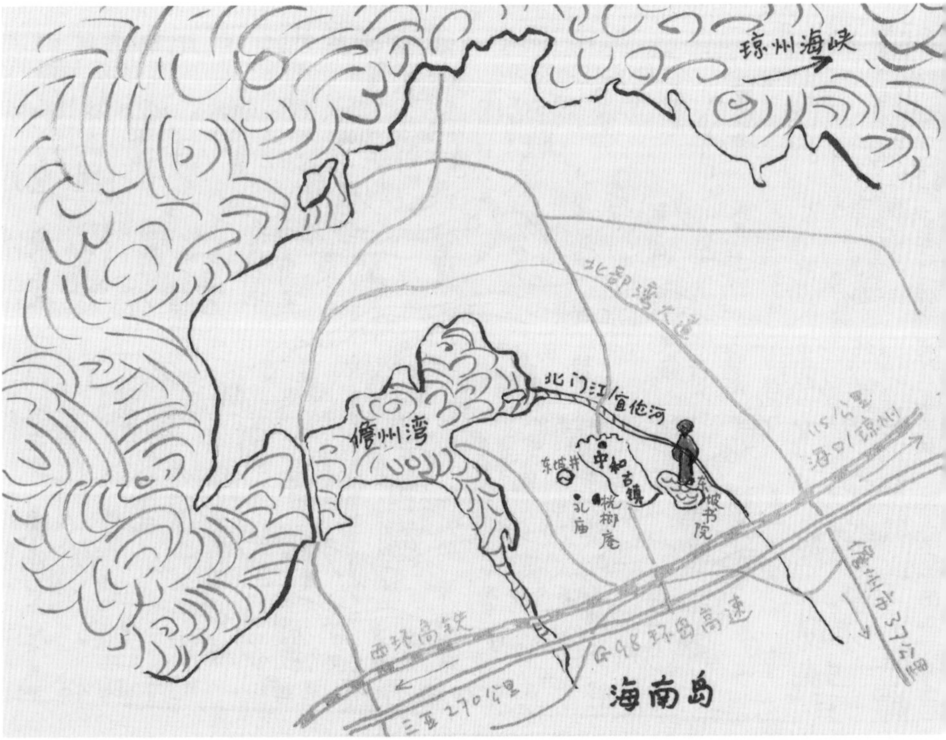

▲圖 4-1　海南島簡圖，譯者李昕手繪。

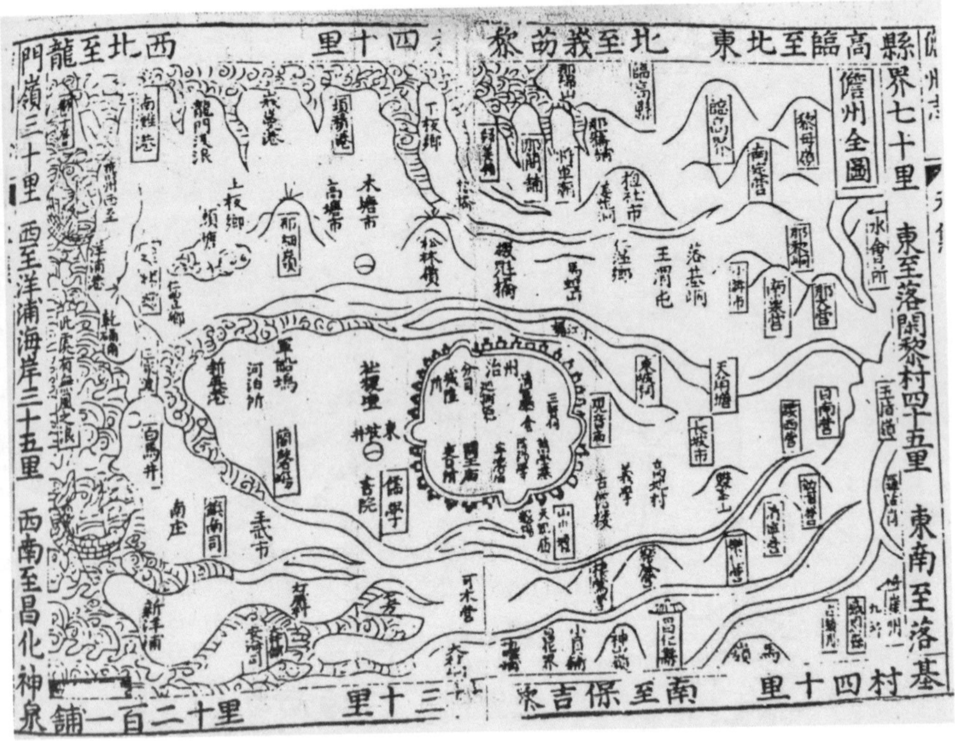

▲ 圖 4-2　儋州全圖，出自明萬曆 46 年（1618 年）《儋州志》。

▲圖 4-3　前往中和古鎮的路上。

四十幾分鐘後，車子離開高速公路，司機讓我們在一間巨大而空曠的飯店前下車。飯店老闆肯定有過宏偉的規畫，不過他的夢想恐怕沒實現。但對我們來說，我們只需要在海口到儋州的中途吃飯、睡覺，在這裡過夜很不錯。經歷一整天的車馬輾轉，我的腿像走了一天山路似的痠痛。晚飯之後，看到對街有間足療店，我們便決定去奢侈一番。付了人民幣七十八元、六十分鐘後，我的雙腳好像重回天堂。

第二天早晨，我們整裝繼續西行。入夏的海南，大清早已經熱氣蒸騰。我們到達中和鎮東坡書院已經是上午十點了。我打開車門，一股熱氣迎面撲來，提醒我們這裡是初夏的熱帶地區。

儋州市東坡文化研究會的韓國強老師、謝仿賢先生、李南沖醫生和東坡書院的王聖陽主任早已在書院等我們了。韓國強是儋州本地人，從小就受東坡文化的薰陶，他比我大一歲，退休前曾擔任儋州文化體育及旅遊局局長。身為本土蘇學專家，他寫過多部關於蘇東坡的書，包括《東坡居儋故事》、《尋訪東坡蹤跡》等書。

一〇九七年，六十二歲的蘇東坡以瓊州別駕的虛銜，被貶到海南昌化軍。「天之涯，地之角，知交半零落」（按：引自李叔同作詞的〈送別〉歌詞），蘇東坡甚至連自己的住所都沒有著落，對故鄉和親人的思念之情因此油然而生。「環視天水無際，淒然傷之，曰：何時得出此島耶？」

在夢中，蘇東坡回到惠州白鶴峰居所。他把這種情思寫在抵達海南後的第一首詩〈和陶還舊居〉裡，流露出無家可歸的傷感。我們從詩裡也可以看出，**蘇東坡接受人生變幻無常和四海為家的狀態，心緒變得穩重而又成熟。**

痿人常念起，夫我豈忘歸。
不敢夢故山，恐興墳墓悲。
生世本暫寓，此身念念非。
鵝城亦何有，偶拾鶴毳遺。
窮魚守故沼，聚沫猶相依。
大兒當門戶，時節供丁推。
夢與鄰翁言，憫默憐我衰。
往來付造物，未用相招麾。

經歷過大風大浪的蘇東坡，到了海南後，變得更加曠達坦然，心緒也更加平和，水波不驚，超越榮辱是非。他比以往更體悟到陶淵明田園生活的超然和淳樸。而這一時期的和陶詩，也表現出蘇東坡個人思想的昇華，他繼續與陶淵明這位精神知己對話，並藉由和陶詩表達自己獨特的反思和見解。

在此蓋房、學方言，成為海南本地人

蘇東坡到儋州不久，新任軍使張中隨即到任。張中修繕了倫江一處破舊官驛，安置蘇東坡和蘇過居住，並邀蘇東坡同訪儋州當地逸士黎子雲。大家熱情接待了東坡父子，並提議集資在黎子雲舊宅地上建屋，供蘇東坡講學之用，他欣然同意。

「載酒堂」於次年建成後，蘇東坡便在這裡吟詩會友，並為漢黎學子講學，傳播中原文化。蘇軾留詩〈和陶田舍始春懷古〉二首，記錄載酒堂的興建過程，其二的最後兩句尤其展現東坡風格：「借我三畝地，結茅為子鄰。鴃舌倘可學，化為黎母民。」意思是我要蓋房子成為你的鄰居，在這裡長久住下，我也學你的方言，成為海南本地人。

蘇東坡辦學的消息很快傳遍海南，吸引很多慕名而來的學子。其中，海口瓊山的姜唐佐成為蘇東坡的得意門生，兩人建立深厚的師生情誼。三年後，蘇東坡獲赦北歸，姜唐佐含淚送別恩師，蘇東坡為唐佐題詞：「滄海何曾斷地脈，白袍端合破天荒。」而姜唐佐果然沒有辜負恩師的培養，破天荒成為海南第一位舉人。

在蘇東坡北歸九年後，儋州人符確成為海南第一位進士。蘇轍看到哥哥在海南培養的人才漸出，感慨他伯樂識馬的好眼力：「錦衣不日人爭看，始信東坡眼力長。」（按：出自蘇軾、蘇轍兄弟共同完成的詩〈贈姜唐佐生〉。）

千年以前，海南是名副其實的天涯海角。僅二十公里的一海之隔，黎人（按：中國少數民族，主要居住在海南）與漢人互通甚少。當年，海南文化教育尚未普及，僅有的學堂則為漢人教師用漢語教學。韓國強說，海南的詩文大多由「東坡話」和戍邊軍營的「軍話」傳播。直至一九六〇年代，儋州這兩種「化石方言」才被普通話教育所取代。

我們來到載酒堂「一代傳人」的橫匾下，蘇東坡握卷執教的坐像前，打開《和陶合箋》，朗讀了〈和陶連雨獨飲〉（見第一四五頁圖4-4）。詩中描繪詩人雨天獨飲，掛念著海之彼端的弟弟蘇轍：

平生我與爾，舉意輒相然。
豈止磁石針，雖合猶有間。
此外一子由，出處同偏僊。
晚景最可惜，分飛海南天。
糾纏不吾欺，寧此憂患先。
顧引一杯酒，誰謂無往還。
寄語海北人，今日為何年。
醉裡有獨覺，夢中無雜言。

大家在載酒堂向蘇東坡敬酒，表達對他的敬仰。我們選用蘇東坡在儋州，新年之際釀製成功的天門冬酒（見第一四六頁圖4-5）。蘇軾〈庚辰歲正月十二日，天門

▲圖 4-4　「一代傳人」橫匾下讀東坡詩。

▲圖 4-5　天門冬酒。

冬酒熟，予自漉之，且漉且嘗，遂以大醉〉其一寫道：「天門冬熟新年喜，曲米春香並舍聞。」

蘇東坡初到海南，居無定所，「如今破茅屋，一夕或三遷。風雨睡不知，黃葉滿枕前」（〈和陶怨詩示龐鄧〉），而且年老挨餓，貧病交加，過著「食無肉，病無藥，居無室，出無友，冬無炭，夏無寒泉」的生活，可見其生活環境極其艱苦。至此，**蘇東坡資金耗盡，他便把自己的酒具賣掉換錢購買衣食，唯獨留下了自己最心儀的荷葉杯**。蘇東坡在〈和陶連雨獨飲〉引言中寫道：「吾謫海南，盡賣酒器以供衣食。獨有一荷葉杯工制美妙，留以自娛。」（見第一四八頁圖4-6）

借助酒興，韓國強作〈偕諸友陪美國作家比爾．波特訪東坡書院〉以記此行：

熱汗門前滴，湖蓮舉豔英。
吟詩流韻久，奠酒散香清。
賜卷人情重，尋蹤步履輕。
千秋光未滅，景仰至州城。

▲圖 4-6　荷葉杯與東坡詩。

東坡詩魂在惠州，也在儋州。也難怪人們說「東坡不幸海南幸」。

吃美食、釀酒，蘇軾活著北返的祕訣

蘇東坡也是位樂於嘗試的美食家。他在儋州期間，發現生蠔的美味，寫信給兒子道：「東坡在海南，食蠔而美。」又囑咐兒子千萬別讓朝中官員知道，否則他們一定會蜂擁而至，來海南跟他搶食。蘇東坡子孫的保密工作做得非常好，直到近幾年，北京、上海等大都市的人們才發現生蠔這一美食，花費巨資從紐西蘭和法國空運生蠔，終於享受到一千年前蘇東坡獨享的「私藏美食」，美酒加生蠔成為現代小資生活的象徵。

東坡若有知，此時一定在竊笑，黃州的豬肉、儋州的生蠔這樣的人間美味，人們竟然不屑。這讓我想到龍蝦在美國的地位，直到六、七十年前，龍蝦一直是被人鄙視的「垃圾食品」，是給囚犯吃的。你難道不覺得美國只有全球人口的五％，卻有全球四分之一的囚犯，其中肯定隱含什麼特殊原因嗎？那時，窮人吃龍蝦也怕被人恥笑，關著門吃完後，還偷偷把蝦殼埋到院子裡。

如果蘇東坡有機會來到美國，我想他一定會大啖龍蝦，並寫一首「美酒加龍蝦」的詩，雖然他會要兒子把詩藏起來。**「自笑平生為口忙」，知足常樂是蘇東坡活著從海南北返的祕訣之一**。

我們走出庭院，太陽像個大火爐一樣烤著我們。儋州的本地人似乎很習慣，但我和李昕則像洗了三溫暖一樣汗流浹背。

載酒堂東園有一眼井，叫做「欽帥泉」，當地人也稱「酒井」（見第一五一頁圖4-7）。蘇東坡離開儋州後，他的靈魂還在這裡為民造福。傳說，他曾將這口井裡的水變成酒，讓一位孤苦的老婦人能賣酒為生。我汲起欽帥泉水嘗了一口，並沒有品出酒精的度數，於是我摘下脖子上的方巾洗臉，讓自己清涼一下，順便沾點靈氣，說不定它能幫我寫一本關於蘇軾的書呢。

庭院左側的花園裡矗立著東坡笠屐銅像（見第一五二頁圖4-8），故事出自蘇東坡在儋州時，訪黎子雲途中遇雨，借農家竹笠、木屐，穿戴而歸，「婦兒爭相隨笑，群犬爭吠」，但蘇東坡絲毫不覺難堪。時有瓊州人士為他畫了〈笠屐圖〉，後

▲圖 4-7　載酒堂東園「欽帥泉」，當地人也稱「酒井」。

▲圖 4-8　於東坡笠屐銅像合照。

來衍生許多版本，而斗笠在海南也暱稱為「東坡笠」。我見過許多蘇軾雕塑和畫像，大多是胸有大志、懷才不遇的形象，但也有〈笠屐圖〉這樣具有幽默感的。

隨後我們驅車前往古鎮旁的坡井村，探尋東坡井。村子裡遍地都是斷垣殘石，石材大多是黑色的火山石。韓國強說這裡以前有天慶觀、東坡祠和文廟，村民們也一直保留著在這裡祭拜孔子的習俗。最近一次祭孔應當是前一年九月二十八日，孔子誕辰日，大半年前搭建的孔子像已是衣衫襤褸（見第一五四頁圖 4-9）。孔子臉上流露著一股聖母般的淒苦表情，但眼睛仍散發著博愛和睿智。

蘇東坡來到儋州，便著手勸學、勸農、打井，造福當地百姓。他發現這裡的幾口井都是鹹水，溝渠裡積留的雨水不流動而生蚊蟲，衛生堪慮。為了泡壺好茶，蘇東坡總要到很遠的北門江汲水。於是，蘇東坡號召黎子雲、王霄和符林等朋友，談起打深水井的計畫，大家一拍即合，第二天就動工了。幾天辛勞之後，人們終於能喝到甘洌的井水。

至今，村民們還在使用這口歷經滄桑的千年古井，青石井欄上留下了一道道井繩的痕跡。低矮的圍牆外有一塊石碑，是清道光丙午年（一八四六年）當地村民重

▲圖 4-9　孔子像。

修東坡井時所立的碑（見第一五六頁圖 4-10、第一五七頁圖 4-11）。

蘇東坡剛到儋州時，住在張中安排的官舍裡，後來被南巡的朝廷官員董必逐出。一〇九八年，他在朋友們的幫助下，在桄榔林裡蓋了茅屋居住，命名為桄榔庵。桄榔庵遺址在坡井村的另一邊。王聖陽主任帶路，領著我們走進村莊，一路上他不斷跟村民們打招呼。有位戴斗笠的婦人正在棚子下釀米酒，她以木柴燒火加熱兩個酒甕，再把蒸得的酒漿汲取到陶罐裡（見第一五八頁圖 4-12）。

這位農婦用的應當是古早釀酒工藝。**蘇東坡在黃州、惠州和儋州都自己釀酒，**並把心得寫在〈酒子賦〉、〈鹽官大悲閣記〉和〈濁醪有妙理賦〉裡，而他的**〈東坡酒經〉更系統性總結他的釀酒經驗**。

酒要好，首先要有好的酒麴：「南方之氓，以糯與秔，雜以卉藥而為餅。嗅之香，嚼之辣，揣之枵然而輕，此餅之良者也。吾始取麵而起肥之，和之以薑液，蒸之使十裂，繩穿而風戾之，愈久而益悍，此麴之精者也。」第二，要掌握配方：三斗米須用「四兩之餅，二兩之麴」加九斗水。第三，釀造時間得控制在三十天左右：「釀久者酒醇而豐，速者反是，故吾酒三十日而成。」第四，要根據原料和溫

▲圖 4-10　東坡井碑，清道光丙午年（1846 年）當地村民重修東坡井時所立。

▲圖 4-11　東坡井。

▲ 圖 4-12　當地村民自釀酒，以木柴燒火加熱兩個酒甕，再把蒸得的酒漿汲取到陶罐。

涇度變化，憑經驗和口感做適當調整：「凡餅烈而麴和，投者必屢嘗而增損之，以舌為權衡也。」

我不禁心想：難道這位村婦所用是蘇東坡的祕方嗎？

村民們回家吃飯午休時，把耕牛拴在路邊吃草，牛吃飽後就在樹蔭下的泥窪裡歇息。如果蘇東坡看到這種景象，肯定會很欣慰。

宋代時，海南的牛得靠海運而來，但當地人民屠宰耕牛以祭神治病，「病不飲藥，但殺牛以禱，富者至殺十數牛」，耕作畜力減少，導致「人、牛皆死而後已」。蘇東坡深感痛心，寫了〈書柳子厚牛賦後〉，勸諭人們不要迷信巫術，減少屠牛，並改用牛耕地務農。

沒有書，就反覆讀陶淵明

北宋時，海南人沒有務農習慣，土地荒廢，他們以薯芋雜米熬粥為主食。蘇軾哀其不爭，寫下〈和陶勸農〉六首，規勸農民種地以脫離貧困，表達他對農村和農

▲圖 4-13　耕牛。宋代時，海南當地人民屠宰耕牛以祭神治病，蘇東坡則寫〈書柳子厚牛賦後〉，勸諭人們減少屠牛，用牛耕地務農。

▲圖 4-14　牛像與「牛賦」（蘇軾〈減字木蘭花・立春〉）。

業的重視，其二云：

天禍爾土，不麥不稷。
民無用物，怪珍是殖。
播厥熏木，腐餘是穡。
貪夫汙吏，鷹鷙狼食。

蘇東坡把〈和陶勸農〉寄給在雷州的弟弟蘇轍。蘇轍知道哥哥在海南生活拮据，還關注百姓民生疾苦，甚為感慨。當時，雷州百姓靠海吃海，農業生產方式落後，布匹主要靠貿易買來。雷州跟海南一樣靠巫術屠牛祛病，蘇轍對這種狀況頗為痛心，也作〈和子瞻次韻陶淵明勸農詩〉規勸民眾注重農耕，改善生活：

我行四方，稻麥黍稷。
果蔬蒲荷，百種咸植。

糞溉耘籽，乃後有穡。
爾獨何為，開口而食。

王聖陽主任帶我們穿過一片農田，來到東坡桄榔庵故居遺址。除了康熙四十五年（一七〇六年）知州韓佑重修時的石碑（見第一六四頁圖4-15），桄榔庵已蹤跡全無。政府計畫重建桄榔庵，開發東坡文化旅遊，以磚牆圍出十幾畝地準備建房。而村民們也沒讓牆裡的地荒廢掉，他們在石碑旁挖了一口井澆灌，在牆內種滿蔬菜。

看來蘇氏兄弟在勸農詩裡苦口婆心推薦的「果蔬蒲荷」不僅被當地百姓採納，連圍牆也擋不住嘗到甜頭的農民們「百種咸植」的熱情。

蘇東坡來到儋州，發現這裡書籍匱乏，他把隨身帶來的《陶淵明集》和《柳宗元文集》當作二友，反覆翻閱品讀。偶爾能借來幾本書，他便要蘇過把書抄下來，留著今後細讀。蘇過自幼才如其父，後隨蘇東坡宦遊、貶謫各地，在父親的培養下，詩文書畫皆頗有造詣。蘇東坡曾為蘇過的一幅枯木竹石畫題字曰：「小坡今與石傳神。」後人因此以「小坡」稱呼蘇過。

▲圖 4-15　桄榔庵石碑。

蘇軾〈答程全父推官〉其五寫道：「兒子比抄得《唐書》一部，又借得《前漢》欲抄。若了此二書，便是窮兒暴富也。呵呵。」他說：如果抄得《唐書》和《前漢書》，他就像窮小子變成暴發戶一樣！呵呵！原來這個近年來在網路上流行的詞，竟也是近千年前蘇東坡發明的！

即使抄得《唐書》和《前漢書》，「窮兒暴富」也滿足不了蘇東坡讀書的需求，有時閒得「詩人如布穀，聒聒常自名」，只好寫信求助朋友。當時在惠州做官的鄭嘉會，從朋友那裡蒐集一千多卷書，託人用商船運到儋州。

蘇東坡收到千餘卷書，彷彿久旱逢甘霖，解了他讀書之渴。他激動寫下〈和陶贈羊長史〉，託商船寄給鄭嘉會以表謝意，詩引寫道：「得鄭嘉會靖老書，欲於海舶載書千餘卷見借。因讀淵明〈贈羊長史〉詩云：愚生三季後，慨然念黃虞。得知千載上，正賴古人書。次其韻以謝鄭君。」

儋州的朋友們聞訊趕來幫忙，把書搬進屋裡，並整理編目。而一向慷慨的蘇東坡就像開了間公共圖書館，把書借給這些如饑似渴的書友們，共享讀書之樂。

懷才不遇的張中是從中原被下放到海南的，與蘇東坡同病相憐。他幾乎每天送酒給蘇東坡，陪他下棋，兩人相處甚歡。他把官房讓蘇東坡居住之事被人告發後，朝廷判他違規而予以免職。

在張中北歸前，蘇東坡以三首和陶詩送別張中，對這位患難之交表現出戀戀不捨之情。第一首〈和陶與殷晉安別〉，寫給張中這位知音朋友共享。詩的結尾說：

恐無再見日，笑談來生因。
空吟清詩送，不救歸裝貧。

張中收到蘇東坡的送別詩後，親自提酒登門致謝。兩人含淚對飲，知道此別將是永訣。蘇東坡奮筆疾書〈和陶王撫軍座送客再送張中〉，並安慰他：「汝去莫相憐，我生本無依。」

張中與蘇東坡的交情不同於一般朋友，而是患難與共的莫逆之交。最後送行時，蘇東坡以〈和陶答龐參軍．三送張中〉回憶與張中往來的日常生活細節及感悟，藉以送別張中：

留燈坐達曉，要與影晤言。
下帷對古人，何暇復窺園。
使君本學武，少誦十三篇。
頗能口擊賊，戈戟亦森然。
才智誰不如，功名嘆無緣。
獨來向我說，憤懣當奚宣。
一見勝百聞，往鑿皋蘭山。
白衣挾三矢，趁此征遼年。

遇赦北歸，不再思考入世或出世

一一〇〇年宋徽宗即位，大赦天下，蘇東坡也接到遷居廉州的旨令，這年他六十五歲。**蘇東坡喜出望外，終於可以生還中原、闔家團聚，享受子孫滿堂的天倫之樂了**。此時，弟弟蘇轍也獲赦，任濠州團練使，先行一步移居岳州。蘇軾北歸，終於可以和弟弟蘇轍再相見了！

欣喜之餘，蘇東坡寫下最後一首和陶詩：〈和始作鎮軍參軍經曲阿〉（或稱〈和陶始經曲阿〉）。陶淵明原詩標題「始作鎮軍參軍經曲阿作」，是他三十六歲時就任鎮軍將軍參軍，途經江蘇曲阿時所作，詩中描繪該出仕還是歸隱的矛盾心情。

蘇東坡這首和詩，若以「白鶴返故廬」當副標題，或許更貼切反映詩意：

虞人非其招，欲往畏簡書。
穆生責醴酒，先見我不如。
江左古弱國，強臣擅天衢。
淵明墮詩酒，遂與功名疏。
我生值良時，朱金義當紆。
天命適如此，幸收廢棄餘。
獨有愧此翁，大名難久居。
不思犧牛龜，兼取熊掌魚。

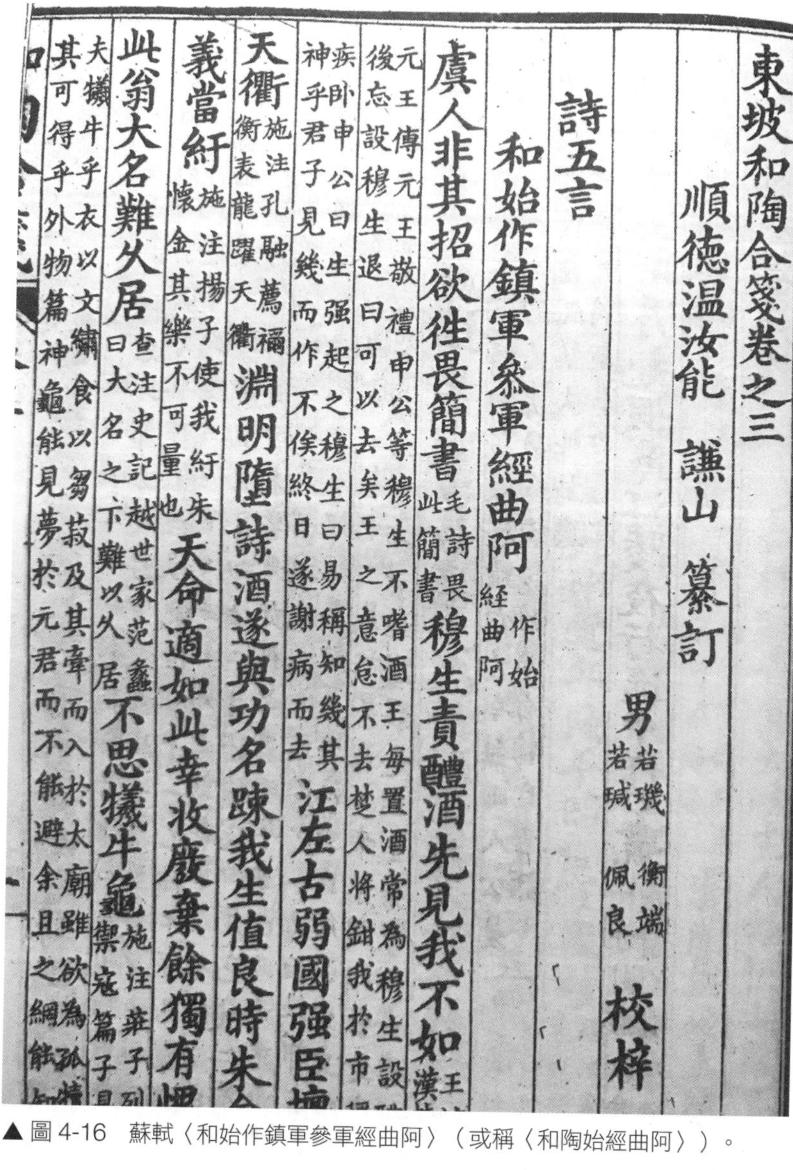

東坡和陶合箋卷之三

順德温汝能　謙山　纂訂

男　若璣　衡端　若瑊　佩良　校梓

詩五言

和始作鎮軍叅軍經曲阿　作始經曲阿

虞人非其招欲往畏簡書　毛詩畏此簡書　穆生責醴酒先見我不如　漢王元王傳元王敬禮申公等穆生不嗜酒王每置酒常為穆生設後忘設穆生退曰可以去矣王之意怠不去楚人將鉗我於市疾卧申公曰生強起之穆生曰易稱知幾其神乎君子見幾而作不俟終日遂謝病而去　江左古弱國強臣擅

天衢　施注孔融薦禰衡表龍躍天衢　淵明墮詩酒遂與功名疎我生值良時朱金

義當紆　施注揚子使我紆朱懷金其樂不可量也　天命適如此幸收廢棄餘獨有愧

此翁大名難久居　查注史記越世家范蠡曰大名之下難以久居　不思犧牛龜　施注莊子列禦寇篇子見夫犧牛乎衣以文繡食以芻菽及其牽而入於太廟雖欲為孤犢其可得乎外物篇神龜能見夢於元君而不能避余且之網能知

▲圖 4-16　蘇軾〈和始作鎮軍參軍經曲阿〉（或稱〈和陶始經曲阿〉）。

> 北郊有大賚，南冠解囚拘。
> 眷言羅浮下，白鶴返故廬。

在這首和陶詩的封筆之作中，蘇東坡在年老體弱之際，意外得到皇帝赦免而喜於言表。陶淵明生不逢時，因而選擇遠離功名，隱身於田園，消磨於詩酒，而自己卻趕上了「良時」，雖然愧受身心折磨，幸得天命照顧老暮，「兼取熊掌魚」，皇帝開恩解囚北歸。

與陶淵明原詩迥然不同的是，此時的**蘇東坡絲毫不為入世或出世輾轉反側，他不想再參與政事，只求「白鶴返故廬」，安度晚年**。

我們從儋州驅車東行兩小時，回到海口，拜謁蘇公祠。一〇九七年，蘇東坡被貶海南島，是在這裡上岸，三年後也是從這裡渡海北歸。明萬曆四十五年（一六一七年），後人為紀念被貶謫到此地的蘇東坡，而建了蘇公祠。

一〇九七年，蘇東坡剛到海南，曾在瓊州金粟庵暫住。他看到居民飲用護城河的水，覺得很不衛生，於是親自指導居民開鑿兩口井，由於泉水中常冒小水泡，浮在水面上就像粟米，便取名金粟泉和浮粟泉。

金粟泉如今已不復存在，而浮粟泉依然水源旺盛，清澈見底（見第一七二頁圖4-17）。我用清涼的泉水洗了臉，分享當地民眾喝水不忘挖井人的感激心情。浮粟泉北面坡上粟泉亭，為一六一二年瓊州郡守翁汝遇為紀念蘇公「指鑿雙泉」而建。傳說，翁汝遇率郡城官民在金粟庵祈雨，儀式後，翁汝遇汲浮粟泉解渴，突然間雷電交加，大雨滂沱。翁汝遇認為是浮粟神龍顯靈，便決定建亭紀念。

蘇公祠正廳陳列著蘇軾、蘇過和學生姜唐佐的牌位。蘇軾塑像矗立中央，定視遠方。兩旁「此地能開眼界，何人可配眉山」的楹聯及滿庭的緬梔花（按：俗稱雞蛋花），表達後人對他的敬仰（見第一七三頁圖4-18）。

我走到蘇公祠外的流芳橋上，把天門冬酒倒入巴侖河中（見第一七五頁圖4-19）。美酒將隨著溪水蜿蜒北行，注入瓊州海峽。

離開瓊州前，蘇東坡有詩〈自雷適廉宿於興廉村淨行院〉曰：「晨登一葉舟，醉兀十里溪。醒來知何處，歸路老更迷。」

東坡酒向北飄逝，而我和李昕乘車到海口機場。剛辦好登機手續，進入候機

▲圖 4-17 蘇東坡剛到海南，在瓊州金粟庵暫住，親自指導居民開鑿兩口井——金粟泉和浮粟泉，今日僅存浮粟泉。

▲ 圖 4-18　蘇公祠，兩旁為「此地能開眼界，何人可配眉山」的楹聯。

室，外面又是電閃雷鳴，接著便是大雨滂沱。浮粟神龍再次顯靈，保佑我們旅途平安。神龍的儀式相當隆重，敲鑼打鼓四個多小時，我們叩謝再三，才讓我們的飛機起飛。

▲圖 4-19　獻酒巴侖河。

第五章

獲赦北歸，駕鶴常州

蘇東坡不再想做官，只想與弟弟一起度過餘生。
北歸路上，他決定暫居常州，
沒想到這裡卻成為他人生的終點站。

在雷電交加中等待起飛通知的那四個小時，時鐘感覺走得特別慢。我想蘇東坡當年北歸時，內心也一定是這麼充滿期待。

一一〇〇年六月二十日，蘇東坡和兒子蘇過從瓊山渡海北歸。先遷居廉州，繼而調往永州。在前往永州途中，蘇東坡和三個兒子在廣州團聚。

十一月初，東坡舉家乘船北上途中，接到朝廷發來任選居處的喜訊。而弟弟蘇轍被授予大中大夫，也可以自由選擇居處。蘇轍在潁川有田產，於是動身前往潁川居住，「杜門可以卒歲，蔬食可以終身」（按：出自蘇轍《欒城後集》）。

雖然蘇東坡在「陽羨買田」，惠州「買得數畝地」、「規作終老計」，在儋州「我本儋耳人，寄生西蜀州」，此時家在哪裡卻不那麼明朗。他青年時代就離開眉州老家，在中原和江南任職，之後又一再遭貶，浪跡天涯，已適應了四海為家的生活。而此時，**蘇東坡最掛念的莫過弟弟蘇轍，於是他決定舉家北上到潁川與弟弟團聚，「老兄弟相守，過此生矣」**。

然而，蘇東坡北上途中聽說汴京政局不穩，此時又有常州的朋友力邀前往，於是決定改途江南，暫住常州，俟機北上。

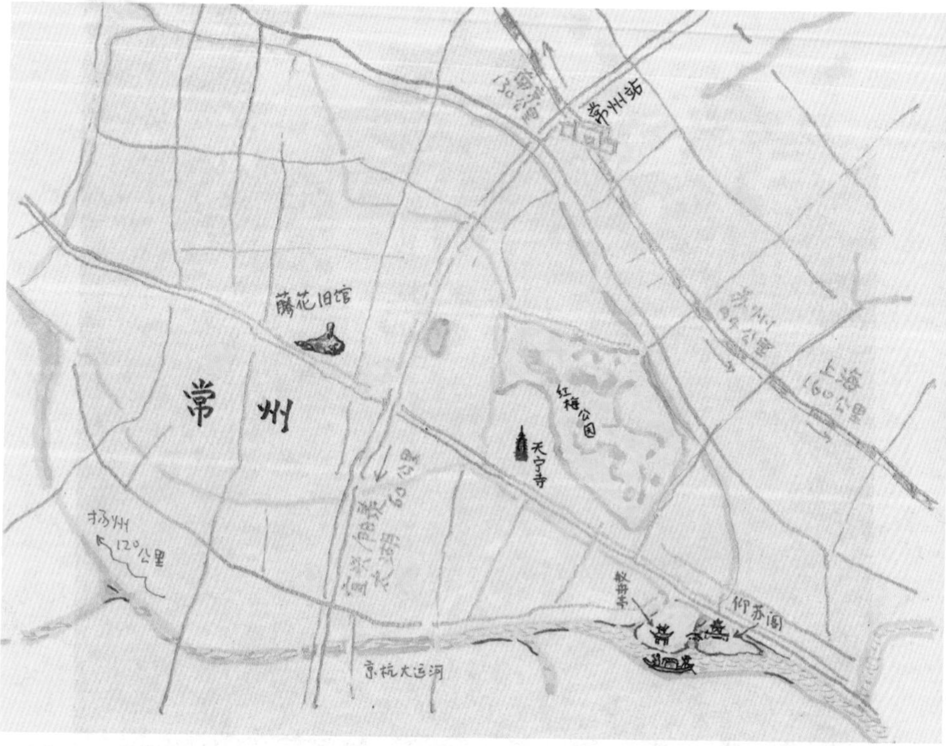

▲圖 5-1　常州簡圖，譯者李昕手繪。

▲圖 5-2　常州東坡公園。

暫住常州，卻成了人生終點站

在海口機場候機廳，我回想起此行開始時，我們從上海到揚州的路上，短暫停留常州的經歷。常州是蘇東坡最常去的地方之一，總共去過十一次。

常州東坡公園（見第一八〇頁圖5-2）在火車站東南方三公里處的大運河邊。進入大門的第一個門庭「三蘇苑」及其後面的松、梅、竹「歲寒三友」，均以蘇洵、蘇軾、蘇轍父子三位文豪命名。

我們穿過洞門來到懷蘇庭，看到庭院左邊一塊刻有「雪浪」二字的太湖石。雪浪石是蘇東坡被貶定州任知州時，在自家後花園找到、一塊形似翻卷白浪的奇石。蘇東坡如獲至寶，將其定名為「雪浪石」（見第一八二頁圖5-3），並將他的書齋改名為「雪浪齋」。在他住常州藤花舊館期間，作詩曾以「雪浪翁蘇軾」落款署名，故常州東坡公園中複製了雪浪石紀念這段佳話。

雪浪石旁為一排青竹，照應蘇東坡的高風亮節，也讓我們聯想起一〇七三年蘇軾任杭州通判時的名作〈於潛僧綠筠軒〉：

▲圖 5-3　蘇東坡任定州知州時，在自家花園找到一塊形似翻卷白浪的奇石，將其定名為「雪浪石」。

寧可食無肉，不可居無竹。
無肉令人瘦，無竹令人俗。
人瘦尚可肥，士俗不可醫。
傍人笑此言，似高還似痴。

我們沿石階來到大運河邊的艤舟亭，艤舟是停船繫舟的意思。一〇七三年底，三十八歲的蘇東坡任杭州通判，奉命前往常州等地賑災半年，除夕夜為了不打擾當地民眾，他便把船停在常州城外的運河邊，在船上過夜。半夜，蘇東坡被凍醒，有感而詩曰：「多謝殘燈不嫌客，孤舟一夜許相依。」後人就在蘇東坡停船的地方建亭紀念。

亭子裡有幾位老人在聊天，其中一位走過來問我年齡，我說我六十四歲了，而他說他已七十八歲，其他兩位則是八十多歲。他們幾乎每天都在這裡聊「山海經」（見第一八四頁圖 5-4）。我對他們聊「山海經」感興趣，因為公園的「東家」蘇東坡也曾用〈和陶讀山海經〉與陶淵明、葛洪對話。

▲圖 5-4　在艤舟亭，比爾．波特和殷雲與兩位老人聊「山海經」。

然而，此「山海經」非彼《山海經》，這位常州老者所說的山海經，指的是閒話家常。他說這個東坡公園原來就是個山坡，孩提時的他經常在這裡玩耍，公園是一九五〇年代建成。而艤舟亭當年不過是個竹亭，在一九八〇年代才修成這麼大的建物。

石柱上有內外兩副對聯，外副是：「二月江南好風景，故人此日共清明。」內副是：「艤舟亭畔喜迎東坡居士，洗硯池邊笑駐西蜀故人。」

對聯裡提到的洗硯池，是乾隆年間的地方官員將它從孫氏館（按：蘇軾北歸到常州時，暫時寓居於此，即現今藤花舊館）移到乾隆行宮旁，以取悅皇帝。東坡洗硯池「容十五六石許，積水盛夏不腐」。民間傳說，考試前一定要用筆沾一沾洗硯池的清水，方能考取狀元（見第一八六頁圖 5-5）。難以想像每年六月初考大學（按：指中國的普通高等學校招生全國統一考試，考試時間為每年六月七日至十日）前，這裡會是什麼景象。

一一〇一年，蘇東坡從海南返回。六月十五日下午，載著蘇東坡及家人的木船，沿著大運河駛入常州，成千上萬群眾沿著運河兩岸歡迎蘇東坡到來，爭睹大文

▲圖 5-5　東坡洗硯池。民間傳説，考前用筆沾一沾洗硯池的清水，能考取狀元。

▲圖 5-6　運河上的木船。

豪的風采。

我們向東跨過廣濟橋，來到關河與大運河環繞的三角洲上。廣濟橋原在城西的古運河之上，建於明正統十二年（一四四七年），為常州最古老的三孔石拱橋。運河拓寬時，政府為保護歷史文物，遂將橋遷移到這裡。

三角洲的仰蘇閣（見第一八九頁圖5-7）上，雕刻著蘇東坡貶黃州時寫的詞〈念奴嬌・赤壁懷古〉：「大江東去，浪淘盡、千古風流人物。」皇帝、皇后、周瑜和多少英雄豪傑都被忘卻了，而詩人和他們的詩卻超越權力與財富，流芳千古。「人生如夢，一尊還酹江月。」無論從詞句或行草書法的灑脫，這首作品都完整呈現蘇東坡豪放的性格，也不難看出這是蘇東坡酒後吐的真言（見第一九〇頁圖5-8）。

蘇東坡是蘇、黃、米、蔡「宋四家」之一的書法大家（按：指蘇軾、黃庭堅、米芾和蔡襄四人）。蘇東坡的官場楷書工整嚴謹，而他瀟灑流暢的行草則自成一派，成為傳世之作。蘇東坡認為：「書必有神、氣、骨、肉、血，五者闕一，不為成書也。」我想，從他「東坡醉筆」的落款看來，如果有人把「酒」加入為第六元素，他應該也不會抗議，畢竟蘇東坡自己也說過「得酒詩自成」。

▲圖 5-7　仰蘇閣。

▲ 圖 5-8　仰蘇閣上雕刻著蘇東坡貶黃州時寫的詞〈念奴嬌．赤壁懷古〉，最後落款為「東坡醉筆」。

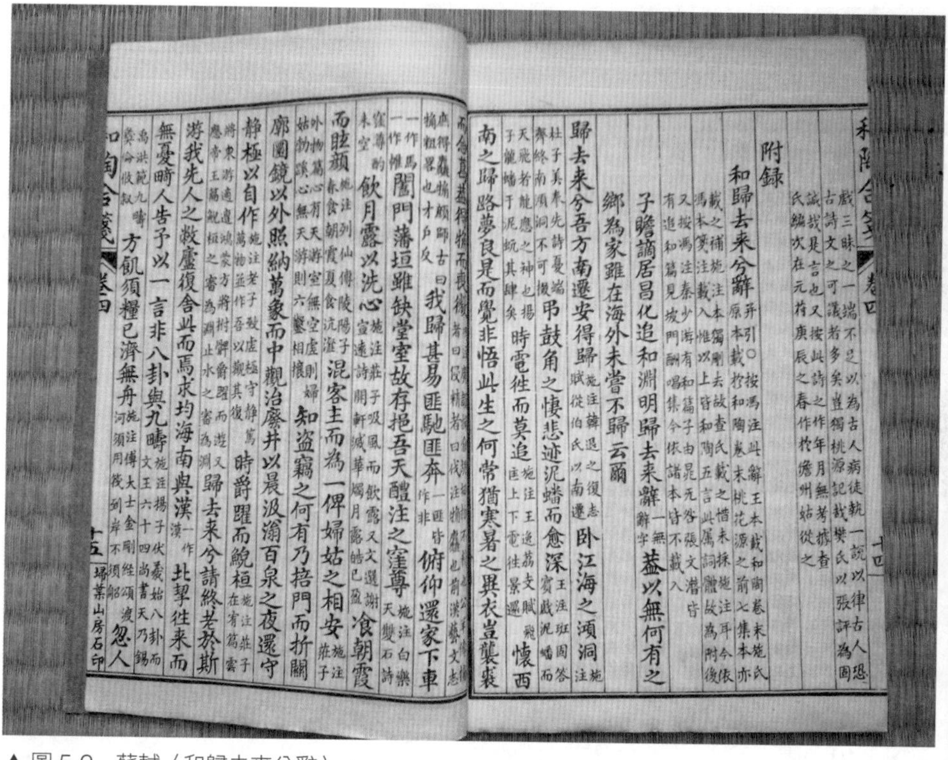

▲圖 5-9　蘇軾〈和歸去來兮辭〉。

▲圖 5-10　運河旁飲酒，讀〈和歸去來兮辭〉。

▲圖 5-11　把桂酒倒入運河，讓運河水把我們的敬仰帶給蘇東坡，也把蘇東坡的仰慕傳達給陶淵明。

常州本來是蘇東坡獲赦北歸的暫居之地，卻成為他人生的終點站。我在艤舟亭旁的大運河邊，讀了蘇軾〈和歸去來兮辭〉：

> 歸去來兮，吾方南遷安得歸。臥江海之澒洞，弔鼓角之淒悲。跡泥蟠而愈深，時電往而莫追。懷西南之歸路，夢良是而覺非。悟此生之何常，猶寒暑之異衣。豈襲裘而念葛，蓋得觕而喪微。我歸甚易，匪馳匪奔。俯仰還家，下車闔門。藩垣雖缺，堂室故存。挹吾天醴，注之窪尊。飲月露以洗心，餐朝霞而眩顏……。

我把蘇東坡喜歡的桂酒倒入大運河，讓運河水把我們的敬仰帶給蘇東坡，也把蘇東坡的仰慕傳給陶淵明（見第一九二頁圖5-10、第一九三頁圖5-11）。

一生從善愛民，自然到達極樂世界

我們到達常州藤花舊館時，常州蘇東坡研究會的陸文桂會長和徐曦已在大門口等我們了。研究會由當地學者、愛好者和部分蘇東坡後裔組成，經常舉辦交流活動，也接待一些外地來常州考察的團體。蘇東坡的出生地四川眉山，和卒地常州有著「生死之交」，兩地學者交流也最為頻繁。

紀念館前壁上有一幅「顧塘迎坡」的銅雕畫（見第一九六頁圖5-12），畫中正是一一〇一年六月十五日那天，盛夏驕陽似火的下午，蘇東坡及家人搭乘的木船沿運河駛入常州，群眾站在運河兩岸歡迎蘇東坡到來，爭睹文豪風采。他在常州擔任團練副使時，就關心民生，興辦水利。聽到百姓的歡呼聲，蘇東坡半披著衣服便走出悶熱的船艙，一邊向圍觀的百姓揮手致意，一邊自歉的說：「羞煞老東坡！」

蘇東坡在顧塘橋上岸，老友錢世雄借孫氏館安排東坡一家居住，其間蘇東坡手植紫藤一株，故別稱「藤花館」。藤花舊館入口有蘇東坡帶著學士帽的坐像（見第一九七頁圖5-13），令人追思坡仙遺範。

第一進庭院叫「歸里園」，左牆描繪著蘇東坡除夕夜間停船常州的情景（見第二〇〇頁圖5-14），右牆角有近年補種的紫藤。右轉進入憩心園，館內有東坡洗硯池和東坡井。井垣上的井繩痕，記錄著近千年的歷史，成為常州唯一保留至今的東坡

▲圖 5-12　「顧塘迎坡」銅雕畫，描繪 1101 年 6 月 15 日，蘇東坡及家人搭乘的木船沿運河駛入常州，群眾站在運河兩岸歡迎蘇東坡的情景。

▲圖 5-13　常州藤花舊館內蘇軾坐像。蘇軾遇赦，自海南儋州北上，寓居於顧塘溪北岸的孫氏館，後在此病故，園中有相傳為蘇東坡手植的紫藤。明中期重建，借紫藤盛開之意命名為「藤花舊館」。
2015年1月修繕後以蘇東坡紀念館對外開放，園內展有蘇東坡在常州的經歷和生活場景。

遺物。院牆上掛著蘇東坡最後的墨蹟〈答徑山琳長老〉、絕詩〈送淵師歸徑山〉和他的〈臨終悟語〉木刻版。

常州東坡研究會定期發行《蘇學通訊》報刊，發表研究蘇東坡的文章、懷念蘇東坡的詩詞文章，以及他的生平軼事。徐曦講了「買田陽羨」成語的故事給我們聽。陽羨是宜興舊稱，北宋時宜興屬常州轄區。嘉祐二年，陽羨蔣之奇、單錫與蘇軾同榜進士，邀他來陽羨遊玩。熙寧七年（一〇七四年）一月，蘇東坡任杭州通判時至宜興訪友，住單錫家，因此愛上陽羨的山山水水，於是在黃墅村買兩百畝地，築室於蜀山南麓，擬終老於此，後代遂以「買田陽羨」指辭官歸隱。

蘇東坡去汴京和外地任職期間，其長子蘇邁住在這裡，蘇家也一直賴此田產以濟衣食。蘇東坡南貶後，次子蘇迨帶自己和蘇過的家眷也到這裡住。常州東坡研究會的朋友們有充分的理由相信，**常州是蘇東坡北還的首選之地。蘇東坡仙逝於離陽羨不遠的常州，也許是天命**。

徐曦還為我們講了蘇東坡燒毀地契還宅的傳說故事。當年，蘇東坡在臨湖的東村看中一處舊宅院，他拿出全部積蓄，又變賣了兩件玉器，總算成交。當天傍晚，蘇東坡獨自在湖邊散步，遇到一位老婆婆正傷心的哭泣，他便上前詢問原委。

老婆婆含淚說，她的兒子欠了一身債，把祖傳房產賣掉了，將來她有何顏面去見祖先呢？蘇東坡問了老婆婆房產的地點，正是蘇東坡剛買下的那一處。於是，蘇東坡對老婆婆說：「妳別難過了，買妳家房子的人就是我，我把房子還給妳。」說罷，從口袋裡取出那張房契，點火一把燒掉了。

千年後的今天，蘇東坡折券還宅的故事還在常州百姓中傳頌著。蘇東坡一生經濟都不算寬裕，但即使他在最拮据時，還捐款益善，例如在宜興捐玉帶造橋，在惠州動員弟弟、弟媳捐款造橋等義舉，實非凡人所能為。在很多蘇粉的眼裡，蘇東坡是偉大的詩人、政治家和慈善家，近乎完人。

庭園北面正中的楠木廳取名「眷君堂」，廳中矗立蘇東坡和他的兩位好友錢世雄和維琳法師的塑像（見第二〇四頁圖5-16）。右側臥房是蘇東坡病逝的地方，榻上放著一木靠背。蘇東坡北歸之行是在春夏之際，沿著熱氣蒸騰的水路上行。幾個月來，他以船為家，飲用河水。剛到常州一個月，蘇東坡就患熱毒，可能是痢疾，無法臥床。本地縣令陸元光送來自己所用的靠背木板，蘇東坡用了之後感覺舒服多

▲圖 5-14　蘇軾〈除夜野宿常州城外〉其一：「多謝殘燈不嫌客，孤舟一夜許相依。」

▲圖 5-15　蘇東坡像與「東坡買田處」匾額。

了，此後日夜都依靠在木板上，相伴至終（見第二〇五頁圖5-17）。**他臨終最大的遺憾，就是未能與弟弟蘇轍「對床共老」**。

過了幾天，蘇東坡覺得自己來日無多，把三個兒子叫到身邊，交代後事，他說：「吾生不惡，死必不墮。」**我這一輩子沒有做過壞事，死後不會下地獄，所以你們不要過於悲傷**。接著他寫下遺囑給弟弟蘇轍，希望能將自己葬在嵩山下，並請蘇轍為他撰寫墓誌銘。

七月二十八日，蘇東坡的呼吸越來越弱，維琳陪伴在他身邊，湊近他耳朵大聲說：「不要忘了西方極樂世界！」蘇東坡低語說：「西方也許存在，不過太使勁也沒有用。」錢世雄站在旁邊，接了一句：「先生你平時那麼用功，到了這個時候，你一定要試試看。」蘇東坡淡淡一笑：「著力即差。」故意嘗試就不對了。

在三個兒子、老朋友錢世雄和維琳法師的守護下，蘇東坡平靜的離開了人世，享年六十有六。

早在一〇九四年，蘇東坡被流放到英州，蘇轍被貶汝州，兄弟二人曾在汝州相聚數日。他們拜謁了當年黃帝駐蹕的山頭，勘察那裡的地形地貌，覺得跟四川老家極其相似，於是，他們便在蓮花山以北的山腳下買了一塊地，作為家族墓園。遵照蘇東坡遺囑，蘇轍和蘇過將他葬於汝州郟縣。蘇轍〈亡兄子瞻端明墓誌銘〉中說：「公始病，以書屬轍曰：『即死，葬我嵩山下，子為我銘。』」

一一一二年，蘇轍去世，其子依囑將他葬在蘇東坡身邊，與哥哥共賞陰晴圓缺。

蘇東坡臨終的答語，反映了他淡定的心態。他一生研究佛教、道教和儒家思想，但他沒有被任何宗教所獨領。他將儒、釋、道綜合起來，形成自己的世界觀。**蘇東坡認為自己一生從善愛民，應當順其自然的到達彼岸，無須刻意攀入西方極樂世界。**

我們可從蘇東坡的和陶詩中，領略到他隨遇而安、榮辱不驚的處世態度。他從與陶淵明的對話之中尋找寄託，感悟著陶淵明的超脫，也參悟自己的人生哲理。

而蘇東坡與陶淵明穿越時空的結緣之處，就是廬山腳下的東林寺。

▲圖 5-16　蘇東坡、錢世雄和維琳法師塑像。

▲圖 5-17　蘇東坡臥室，是蘇東坡病逝的地方，榻上放著一木靠背。

▲圖 5-18　位於郟縣的三蘇墓，蘇軾、蘇轍與父蘇洵衣冠葬於此。

第六章

蘇軾與陶淵明的近距離接觸

廬山山腳下的東林寺，
東晉時是佛教傳播中心，陶淵明經常來此。
七百年後，東坡追隨淵明的腳步，來到這裡與他相遇。

我們從海口飛往南昌的航班，在午夜時分終於起飛，這讓我們鬆了一口氣。蘇東坡當年北歸也一定這麼慶幸。

由於航班延誤，等我們從南昌機場趕到廬山腳下的沙河，敲門叫醒淵明山莊的服務人員時，已是凌晨三點了。這天是農曆十五，窗外滿月像一盤白玉，近得似乎觸手可及。然而，我們累得筋疲力盡，實在是沒有心情賞月，倒頭就睡著了。

一覺醒來，天氣格外晴朗。相比上一站的海南，廬山腳下空氣乾爽清涼。我在淵明山莊附近晃了一圈，附近的婦女們已開始隨音樂跳起廣場舞。廣場上矗立著的雕像不是陶淵明，而是林則徐（見第二〇九頁圖6-1），因為這個廣場是為緝毒教育而建。

旅館熱情的員工們為我們準備了早餐。他們說這裡平時是不提供早餐的，是因為有個與政府財稅相關的會議在此舉行，為他們備餐時也順便為我們準備一份，有稀飯、炒菜、饅頭、包子、雞蛋，豐盛極了。他們又重新登記一遍我們的護照資訊，看來平時並沒有很多外國人住在這裡。

我們今天的行程比較輕鬆，主要是去看廬山腳下的東林寺，東晉時是南方的佛

▲圖 6-1　廣場上的林則徐像。

教傳播中心。陶淵明隱退後，常來東林寺拜見他的朋友慧遠，慧遠也非常欣賞和敬重陶淵明，和他深入討論哲學觀點和信仰問題。針對釋慧遠作〈萬佛影銘〉宣揚神不滅論，陶淵明特意作詩〈形影神〉三首，闡述自己形神俱滅的理念。

一九九一年秋天，我撰寫《江南之旅》時，曾在東林寺住過一晚，也參訪了西林寺（見第二一一頁圖 6-2）。西林寺是一座尼姑庵，旁邊是一座四十公尺高的寶塔。文化大革命期間，紅衛兵曾想把它毀掉，其中一人爬到塔上，要砸塔上的浮雕時，不小心從塔上掉下來、摔死了，紅衛兵們也就撤離了。

從那之後，僧尼們以安全的名義在寶塔周圍修了一道護牆，不讓閒人進去，寶塔也就因此保留下來。

蘇東坡第一次受貶，從湖州太守貶到黃州任團練副使時，就曾到過廬山，拜訪僧友及謁陶淵明故里。那時，蘇東坡的思想中既有儒家的「樂天知命」，又有老莊的「曠達」，同時也有道家的「清淨無為」和佛家「虛空無我」等思想。

後來，他在政治上歷遭波折，近乎死裡逃生後，心魂受了更大震撼，因此「閉門卻掃」開始思考生命的真諦，研究如何得到心靈的平安。最終在佛學禪宗中，尋

▲圖 6-2　西林寺。

得了安慰和解脫。

不識廬山真面目，只緣身在此山中

元豐三年（一〇八〇年），蘇東坡偕弟蘇轍到廬山拜訪僧友，兄弟兩人希望拜訪陶淵明常去的東林寺，但東西二林寺已多年失修，僧眾散盡，陶淵明也無蹤跡可尋，故沒有成行。蘇轍有〈不到東西二林〉詩：

山北東西寺，高人永遠師。
來遊亦前定，回首獨移時。
社散白蓮盡，山空玄鶴悲。
何年陶靖節，溪上送行遲。

四年後，也就是元豐七年，皇帝將蘇東坡從黃州調至汝州。蘇東坡路經尋陽再訪廬山，此時東西二林均已修復。蘇東坡在西林寺揮筆題就那首千古絕唱〈題西林壁〉，表達了參禪悟道之前的境界：

橫看成嶺側成峰，遠近高低各不同。
不識廬山真面目，只緣身在此山中。

蘇東坡在東林寺裡住下，與照覺禪師徹夜長談，第二天作了首〈贈東林總長老〉，詩的大意為：溪水聲已體現佛相，而山色豈不就是佛的清淨本身嗎？一夜之間，佛陀透過萬物所說的法，已經數不勝數了。佛性無處不在，包括無生命、無情的事物。蘇東坡受照覺禪師的啟迪，已初悟禪機。原詩曰：

溪聲便是廣長舌，山色豈非清淨身？
夜來八萬四千偈，他日如何舉似人。

蘇東坡與陶淵明的結緣也與東林寺相關。他在黃州時，聽說東林寺藏有《陶淵明詩集》，便準備來借閱。蘇東坡在儒家、道教和佛教的思想和「形、影、神」的關係上，藉由和陶詩的形式展開深入探討，並形成了自己的思路。可以說，**廬山東林寺是蘇東坡與陶淵明最近距離接觸的結緣之地**。

我們在上午近十點才到東林寺。東林寺是佛教中國淨土宗（也稱蓮宗，源自慧遠創立蓮社而演變出來的名稱）的發祥地，由慧遠法師於東晉元興元年（四〇二年）創建。如今，大多數中國佛教徒修練的是淨土宗，僧眾們以誦念阿彌陀佛的名字，尋求來世誕生於一片淨土之上。文革之後，宗教自由恢復，東林寺建築和周圍的兩百餘畝土地歸還給佛界，果一法師將破落道場重建為淨土名剎。

一九九一年，我來東林寺時曾見過果一，他說服當地政府把上千畝可耕田、林地和其他建築還給寺院，使寺中常住僧侶得以自給自足。此外，他還募款重建大殿和僧人的宿舍。當年，慧遠領著僧人們舉行第一次淨土儀式的大殿，也重新修建了。近年來，靠著四眾弟子的捐款擴建，占地三千三百畝的東林大佛淨土苑及四十八公尺高的貼金佛像，吸引了更多僧眾，香火極盛。

東林寺不收門票。進入東林寺山門，一方蓮池躍入眼簾，蓮花一向是佛門的象徵，而東林寺又因為是蓮宗發源地，故更具特殊地位。據說，當年由慧遠法師親手栽種的東林白蓮，每朵有一百三十多枚花瓣。

我們向門口的居士說明拜謁慧遠法師紀念塔的來意，一位東北口音的年長居士主動為我們帶路，經過大殿一路西行。

我們看到百餘位居士朝齋堂方向走去。年長居士說，這些居士來自全國各地，到淨土宗祖庭來修行，有些會在這裡待上一段時間，住在寺裡的客堂，也有些是當天來回，寺裡則安排來往廬山火車站的交通。這位居士說他來自瀋陽，退休後來到東林寺念佛修行。

繞過客堂大樓，居士把我們帶到一座舍利塔旁，告訴我們：沿著小路繼續西行，就會看到慧遠紀念塔的入口。接著，他就誦佛告辭了。

眼前這座塔，是覺賢法師（按：又稱佛陀跋陀羅）的舍利塔，覺賢是北天竺迦毗羅衛國（按：位於今尼泊爾境內）人，東晉義熙四年（四〇八年）來到長安。慧遠法師邀他加入蓮社，並請他翻譯佛經。後來，覺賢又被邀到建康道場寺，譯《華

▲圖 6-3　行走在東林寺。

▲圖 6-4　果一方丈墓塔。

嚴經》六十卷、《摩訶僧祇律》等佛典，為大乘瑜伽學說在中國的傳播開了先河。覺賢不忘慧遠法師的知遇之恩，遺囑圓寂後遺骨安放東林寺。

我們向西沿著小路走幾百公尺，沿路停下來問了兩位居士，才找到通向慧遠墓的小山門。穿過小門拾階而上，院內有一棵巨大的佛手樟，相傳為慧遠法師手植（見第二二〇頁圖6-5），距今已有一千六百多年。

慧遠墓因其墓塔疊石如荔枝，故又稱「荔枝塔」。舊有塔院在清代已毀，現塔為一九八三年重修。我繞著佛塔走了三圈，念阿彌陀佛，向慧遠行禮拜謁（見第二二一頁圖6-6）。

東林寺：蘇東坡與陶淵明辯論地

東晉政局動盪，再加旱災、蝗災，百姓深受饑疫折磨，人們希望從苦難中得到解脫。而淨土宗求生淨土的出世理念，就在這種社會背景下落地開花。慧遠融匯老莊與禪宗思想，宣導念佛求生西方淨土，找到超越生死輪迴的捷徑。慧遠的淨土宗宣傳形滅而神不滅的觀點，認為神靈之不滅，猶如火在不同的木柴間傳播，「薪異而火一，形易而神同」。此生之後，猶有來生，生生不絕。善惡賞罰終將會合。

隱居田園後，陶淵明與劉遺民、周續之成了當地最受敬重的隱士，他們結為好友，合稱「尋陽三隱」。在東晉時代，隱士是「隱居以求其志」，為人所推崇。劉遺民、周續之是蓮社骨幹，且淵明親家及親戚張野、張詮，也師從慧遠法師。因此，陶淵明常往廬山東林寺拜訪當時年近八十的慧遠法師。

慧遠法師非常欣賞陶淵明的獨行、自然、知足，珍惜這份方外之交。慧遠也多次邀請陶淵明加入蓮社，甚至特許他飲酒，然而每次陶淵明都攢眉而去。直到陶淵明五十六歲時，他身邊的好友慧遠法師、劉遺民、張野等已相繼辭世，他對生死觀也有了新的認識。

此時，蓮社中人再次勸他加入，他打包好行李、辭別親友，準備加入蓮社，可是在臨行時，他坐下來想一想，深怕到了蓮社後再發生爭論，會被世人譏笑，最終還是未加入蓮社。這段故事，記錄在他的〈擬古〉詩其六：

▲圖 6-5　相傳為慧遠法師手植的佛手樟。

▲圖 6-6　慧遠法師墓。

蒼蒼谷中蘭，冬夏常如茲。
年年見霜雪，誰謂不知時。
厭聞世上語，結友到臨淄。
稷下多談士，指彼決吾疑。
裝束既有日，已與家人辭！
行行停出門，還坐更自思；
不怨道里長，但畏人我欺，
萬一不合意，永為世笑嗤！
伊懷難具道，為君作此詩。

陶淵明與蓮社的分歧，主要在於他不認同神識不滅、生死輪迴的理念。慧遠作〈萬佛影銘〉宣揚神不滅論，陶淵明則作〈形影神〉三首，藉擬人化的形、影、神對話，道出自己的自然哲學觀，並提出在生活中尋找桃花源式理想社會的理念。

形是人的肉體，他推崇及時行樂。第一首〈形贈影〉曰：「天地長不沒，山川

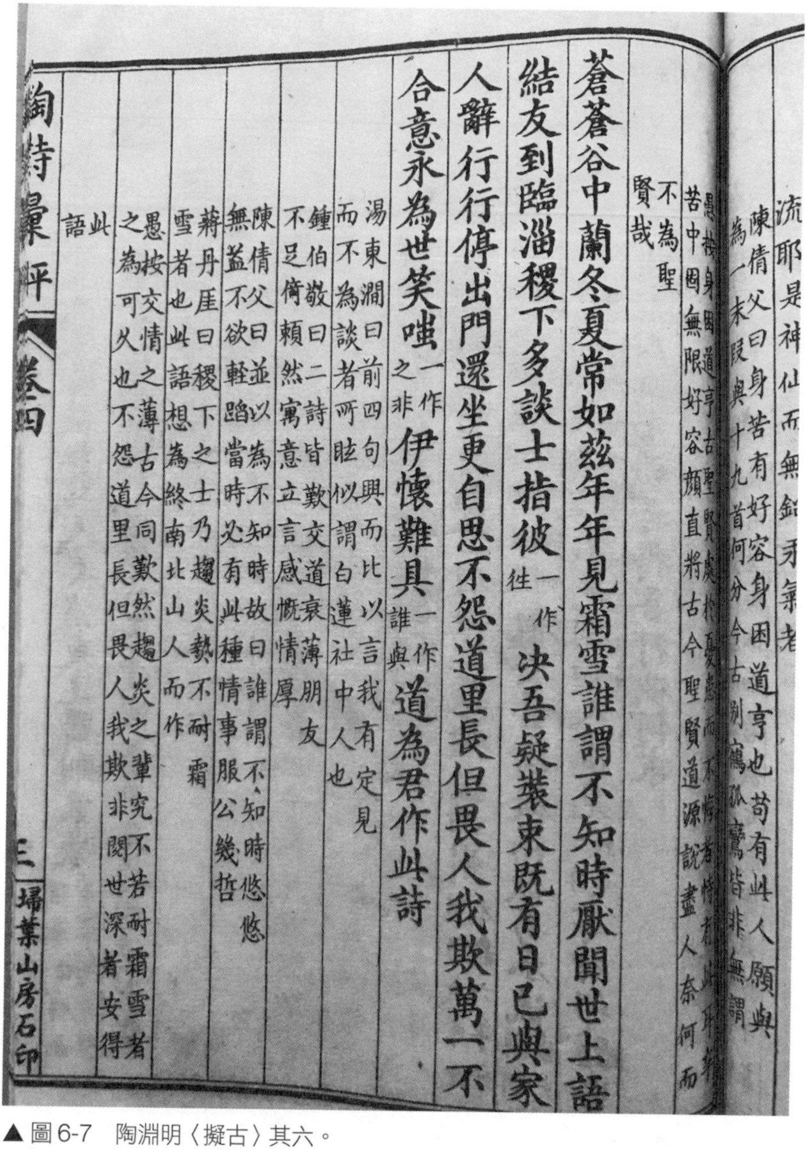
流耶是神仙而無鉛汞氣者
陳倩父曰身苦有好容身困道亭也苟有此人願與
為一末段與十九首何分今古別鶴孤鸞皆非無謂
愚按身困道亭古聖賢處於憂患而不悔者皆如此
苦中困無限好容顏直將古今聖賢道源說盡人奈何而
不為聖
賢哉
蒼蒼谷中蘭冬夏常如茲年年見霜雪誰謂不知時厭聞世上語
結友到臨淄稷下多談士指彼一作往決吾疑裝束既有日已與家
人辭行行停出門還坐更自思不怨道里長但畏人我欺萬一不
合意永為世笑嗤一作之非伊懷難具一作誰與道為君作此詩
湯東澗曰前四句興而比以言我有定見
而不為談者所眩似謂白蓮社中人也
鍾伯敬曰二詩皆歎交道衰薄朋友
不足倚賴然寓意立言感慨情厚
陳倩父曰並以為不知時故曰誰謂不知時悠悠
無益不欲輕蹈當時必有此種情事服公幾哲
蔣丹厓曰稷下之士乃趨炎勢不耐霜
雪者也此語想為終南北山人而作
愚按交情之薄古今同歎然趨炎之輩究不若耐霜雪者
之為可久也不怨道里長但畏人我欺非閱世深者安得
此語
陶詩彙評　卷四
三
埽葉山房石印
▲圖 6-7　陶淵明〈擬古〉其六。

▲ 圖 6-8　東林寺大雄寶殿。

無改時。」天地山川永存，草木枯榮如故。人的形體故去，世界還是照常運轉，或許只留下親人的相思。無論最終歸宿如何，當下有酒行樂就別推辭了。

而影則代表人的向善之心。第二首〈影答形〉云：「存生不可言，衛生每苦拙。」既然談不上長生，養生也苦於無術。想過神仙生活，找不到門路，何不積德行善，造福後代呢？這不比借酒澆愁好嗎？

最後，陶淵明在第三首〈神釋〉中，總結了自己的觀點：神使得人與天、地並列為三才。神雖與影、形不同，但三者相互依附。既然有緣同行，大家暢所直言。沒有長生不老，即使聖賢皇帝也不得永生。**借酒澆愁會折壽，建功立德也未必有善報，過分操心養生會適得其反，不如順應潮流，不喜不悲，順應自然。**

東林寺是陶淵明與慧遠法師辯論形影神之地，後來，蘇東坡也在東林寺與照覺法師論禪。陶淵明與慧遠方丈在東林寺的互動，不僅讓陶淵明以詩闡述自己的世界觀，也影響了七百年後的蘇東坡。

貶謫儋州時期，蘇東坡藉〈和陶形影神〉組詩，整理、提煉自己對儒、道和佛的理解，各取其有益之處加以鎔鑄，形成自己的思想體系。**蘇東坡與陶淵明在形影**

神上的對話，無疑是一系列靈魂撞擊和神會，使蘇東坡思想得到昇華。

這一系列對話，讓蘇東坡的心態變得更加穩重而成熟，胸懷更加曠達，超越是非榮辱而處事不驚。

〈和陶形贈影〉曰：「天地有常運，日月無閒時。」天地日月自有規律，生死存亡是自然之理。醉與夢才是世俗生命的本然狀態，「還將醉時語，答我夢中辭」，是一種享樂今朝的觀點。

〈和陶影答形〉說，形可滅而精神不滅：「君如火上煙，火盡君乃別。我如鏡中像，鏡壞我不滅。」你只不過是火上的煙，火滅了你也消失了；而我是鏡子裡的影像，鏡子碎了但我還在。人生如夢幻化，醉醒無所分別計較，「醉醒皆夢爾，未用議優劣」。

蘇東坡最後以〈和陶神釋〉總結，闡述自己的世界觀，他指出「形」和「影」的本源都是因物而生。「仙山與佛國，終恐無是處」，不能依賴虛無縹緲的仙山佛國。「甚欲隨陶翁，移家酒中住」，他希望**像陶淵明一樣超然於功名利祿之外，珍惜活在當下的自由自在**。只有把善惡愛憎一把火燒掉，才能得到解脫。即使是孔子也到晚年才覺悟，所以大家不必過於糾結。

二子本無我，其初因物著。
豈惟老變衰，念念不如故。
知君非金石，安得長托附。
莫從老君言，亦莫用佛語。
仙山與佛國，終恐無是處。
甚欲隨陶翁，移家酒中住。
醉醒要有盡，未易逃諸數。
平生逐兒戲，處處餘作具。
所至人聚觀，指目生毀譽。
如今一弄火，好惡都焚去。
既無負載勞，又無寇攘懼。
仲尼晚乃覺，天下何思慮。

陶淵明、蘇東坡與我西方一士的虎溪三笑

轉眼間，已經到午飯時刻，我們隨著一群居士走進寺院西南角的齋堂。齋堂建築剛剛建好，確切說是仍未完工。堂外的鷹架還沒拆掉，室內也還是水泥毛坯房，但這不影響廚房運作，以及僧人、居士們用齋。

齋堂很大，可容納幾百人。一進齋堂，一位居士遞給我們每人兩個碗和一雙筷子。我們排隊取齋飯，齋飯有四、五道菜，我們選了蘑菇豆腐炒青菜，外加米飯。此寺院已有一千六百年的素菜烹飪經驗了，簡單的素菜在他們手裡做得有滋有味。用餐時，還不斷有居士義工告訴我們有新菜上來了，要我們儘管取用，於是我們又各添了一碗新菜。

僧人來寺廟修行，義工們來積德行善，每個人都那麼靜藹和善。一九七〇年代，我曾在臺灣的寺廟住過幾年，因此每次到寺廟時都感覺特別親切、輕鬆，有一種回到家的感覺，不想離開。

不一會兒，又有居士在我們的碗裡倒熱水，讓我們用水沖洗碗裡的米粒和菜後

喝下去。齋飯不收錢，但不可以有任何浪費。此外，你也可以在大殿裡捐善款，多少完全自願。這裡沒有人會找你算命、請符、開光等各種花錢積德的事，你可以靜下心來念佛修行。

午飯後，我帶李昕參觀寺院的流通處和客堂。來此修行的人會把行囊放在客堂門外，進去登記。居住較久的居士還會被安排義工活動，例如：接待訪客、打掃僧院、修剪樹木、耕作農田、準備齋飯等，這都是修行的一部分。東林寺有自己的耕地，提供寺院所需的蔬菜。

我希望能參觀寺院的圖書館，看一下當年蘇東坡想從東林寺借閱的《陶淵明詩集》，是否還保存在這裡。於是，我詢問一位比丘尼圖書館的位置，她說願意帶我們去。我們沿著東苑的長廊向東南角走去，找到圖書館的庭院後，才發現新建的圖書館還沒完全收工，不對外開放，只好等下次再來了。

我們謝過帶路的比丘尼，走出寺院山門。山門外一股清澈的溪水從廬山蜿蜒而下，一座石橋跨過虎溪。此處有個「虎溪三笑」的故事。

慧遠大師在東林寺修禪弘法，深居簡出，「影不出山，跡不入俗」，從不走出

▲圖 6-9　行走在東林寺。

寺門前的虎溪橋。有一天，陶淵明和道士陸修靜來訪慧遠，三人相談甚歡，一直談到了晚上，當慧遠出門送客，談笑中不知不覺三人越過了虎溪。此時，後山的老虎發出吼嘯，三人恍然大悟，三笑而別。這個故事反映出當時儒、釋、道三家交融的背景。

而我的腦子裡，卻想到「虎溪三笑」的另一種場景：一個明月高掛的晚上，我在虎溪橋上，看到蘇東坡與陶淵明對坐著暢飲歡談，話題也是形影神。看到我這位「西方一士」走來，他們招呼我坐下喝酒。蘇東坡說：「我們三個每人選一個角色——形、影、神，看誰能辯贏？」這時，對岸傳來虎嘯聲，我們舉杯大笑起來。

這是我的「虎溪三笑」印象。否則，怎麼解釋他們兩位的「身沒名未盡」？他們做了那麼多「立善有遺愛」的事情、留下那麼美好的詩句，千年之後，不僅「親識相思」，全世界都讚不絕口。他們的神識已融合到「天地長不沒，山川無改時」的詩裡。

一九九一年，我來到這裡時，東林寺還是百廢待興，來這裡的人很少，交通也不方便。我們步行幾里路下山，到鋪有柏油路的國道上，等了兩個多小時才攔到一輛願意載我們的貨車。

現在則大不相同：柏油路一直修到了山門口，寺院還提供往返火車站的接駁車。即使這樣的鄉鎮，也可以用「滴滴出行」（按：一款可預約計程車、共乘汽車等的手機應用程式）叫車。現在的出行，遠不像以前有各種意外狀況的故事可以講，但我寧可把戲劇性留給蘇東坡，自己選擇方便、舒適的交通工具。

第七章

廬山敬淵明與東坡

沒有人知道陶淵明最終葬在何處，只知身在廬山中。
旅程的終站，帶著「陶粉」蘇東坡的崇敬，以詩酒敬拜淵明。

次日早上七點半，天津衛視節目《泊客中國》的主持人尹暢和她的攝影組就忙著將攝影設備放上車，準備一天忙碌的工作，他們每天都在旅程中創造豐富的文化專題節目。今天，他們要跟拍我們的拜陶之行，做《泊客十年——尋人不遇》節目的現場採訪。

而李昕則是坐在酒店門外，跟國外客戶開電話會議——總要有人操心衣食住行，養家糊口，把麵包擺到餐桌上。

早餐時，殷雲的車到了。她從惠州回深圳參加幾天的中醫課程，稍事休整後再度加入我們。

步行到陶淵明紀念館，管理員王女士已經早早開門迎接我們了，我們是當天最早來的客人。我們在歸來亭前，跟九江學院文學與傳媒學院院長吳國富會合。吳國富曾任九江學院廬山文化研究中心副主任，並參與籌建中國陶淵明研究會，著有《陶淵明尋陽覓蹤》、《陶淵明的映像》等陶學研究著作。

吳國富向我們介紹，陶淵明是東晉末期的詩人。**關於陶淵明的生年有幾種說法，其故里尋陽、潯陽、柴桑的界定也尚有爭議。但若說陶淵明是廬山腳下尋陽柴**

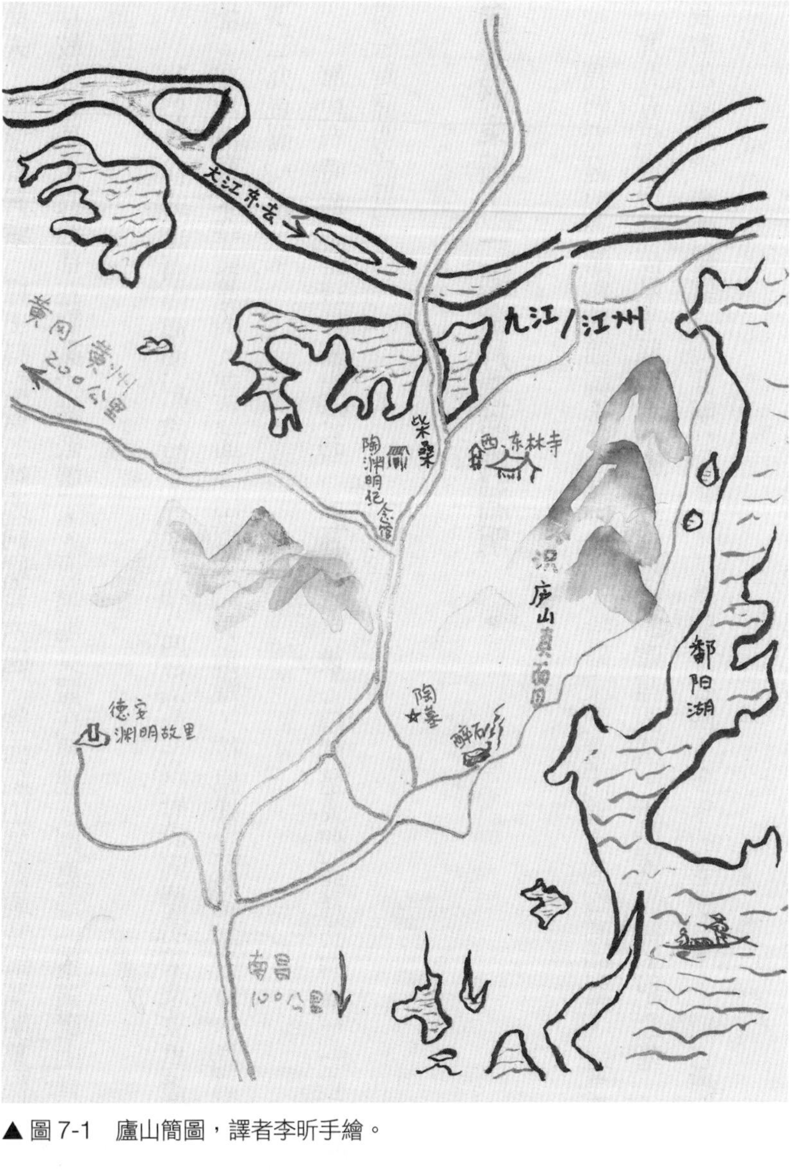

▲ 圖 7-1　廬山簡圖，譯者李昕手繪。

桑人，則沒有異議。據史料記載，靖節祠原有六處，除面陽山靖節祠及陶淵明墓保存較好之外，其他都在戰亂中被破壞了。而墓地具體在哪裡，則更是「不識廬山真面目」。

我們所在的這個陶淵明紀念館，是一九八四年當地政府於陶淵明柴桑故里選址，在沙河蔡家窪興建的，並將面陽山陶靖節祠拆遷，按原樣建於紀念館旁（見第二三九頁圖 7-3）。

歷史有時候就是這樣寫出來的。或許幾百年後，這就是人們能拜訪的唯一「正宗」陶淵明故里了。

帶著蘇東坡，一同祭拜偶像陶淵明

我們看過紀念館和靖節祠後，跨過小橋，拾階來到背山望水的陶淵明墓，這是一九九五年沙河縣按星子縣面陽山軍事基地裡的陶淵明墓，所建立的複製紀念墓。我取出隨身帶來的線裝《陶淵明詩》——這是陪伴我四十多年的老朋友——把它擺在墓前。

此外，我也帶來了另一位陶淵明崇拜者的敬意——也就是蘇東坡。我把東坡酒倒入三個酒杯，並朗讀我最心儀的陶詩：

結廬在人境，而無車馬喧。
問君何能爾，心遠地自偏。
采菊東籬下，悠然見南山。
山氣日夕佳，飛鳥相與還。
此中有真意，欲辨已忘言。

我把第一杯酒獻給陶淵明，第二杯賞給我自己，第三杯分享給蘇東坡和所有陶淵明的崇拜者——親識更相思（見第二四二頁圖 7-4、第二四三頁圖 7-5）。此刻，我彷彿又看到了蘇東坡和陶淵明虎溪對飲的情景……。

從紀念館走出來，我們驅車向西南方，前往德安縣吳山鄉蔡河村的另一個陶淵

▲圖 7-2　陶淵明像。

▲圖 7-3　陶靖節祠。

明故里，距離這裡約六十公里，那裡接待我們的是當地村長，他是陶淵明後裔。一路上我充滿興奮、疑問和期待。雖然這個陶淵明墓碑的發現已有十三年，但仍鮮為人知，而我也僅見過這個墓碑拓片的照片。如果這真的是陶公安葬之地，能夠當面向陶淵明致謝該有多好啊！

這個陶淵明墓還沒有得到學者們的共識，或許老村長、吳國富教授和縣政府會說服官方和學者們認真考察，畢竟過去也有文物是由農民們偶然發現（像兵馬俑），而不是專家們慧眼探視或政府規畫開挖的。吳國富在他的《陶淵明尋陽覓蹤》書中，詳細論證了德安是陶淵明故里的推理。

如果李夢陽（按：明代文學家、政治家，曾修築陶淵明墓）和朱熹（按：南宋學者，曾在星子縣做官，任內四處尋訪陶淵明遺跡）看到這個墓碑，我想他們一定會論證一番吧。

然而，我不是考古學家，更無意介入專家們的爭辯。**陶淵明就是我失聯已久的親戚，既然確定他「身在此山中」，我只想在最貼近他的地方，向這位我最崇拜的詩人敬酒致謝。**

老村長陶輝是陶淵明第五個兒子陶佟的後代，多年來一直負責此處陶淵明故里的文物保管工作。這裡的村民都姓陶，他們有完整的陶氏族譜，並堅信自己的家鄉就是陶淵明故里。

這裡有陶家遺留的祖業牛眠地遺址，有陶淵明母親孟氏墓葬，以及附近一千多座明代陶氏墓地，許多墓碑上都書有陶淵明後代的文字，村長等人編輯了《德安縣栗里陶歷代古墓群簡介》以告宗親。

這裡有靖節祠遺址、陶淵明飲酒的醉石等史料和地貌證據，尤其當二〇〇四年八月，村民陶相紅放牛時發現刻有「故公陶潛公之墓」的墓碑後，村民們更深信這裡就是陶淵明棲身之地。

他們把村裡的「五柳堂」作為陶淵明紀念館，展示村裡的文物，陶潛墓碑也被移入五柳堂保存，並在發現墓碑的原地豎起一塊複製的墓碑，修復石階和雕像，以供祭祖憑弔。

我和陶輝、吳國富並坐在小溪邊的淵明醉石上，一邊飲酒，一邊吟誦陶淵明的〈飲酒〉詩（見第二四六頁圖 7-6）。我們心中無限感慨，這位清貧的田園詩人為後

▲圖 7-4　以詩祭陶淵明。

▲ 圖 7-5　以酒祭陶淵明。

代留下多麼豐厚的財富啊！

在陶潛墓前，我眼淚都快流出來了。陶淵明穿越了一千七百年，就站在我面前，伸手可及。我為他斟上遠道帶來的酒，並用他另一位忠實粉絲寫的詩——蘇東坡〈和陶飲酒〉其五——以助酒興：

小舟真一葉，下有暗浪喧。
夜棹醉中發，不知枕幾偏。
天明問前路，已度千重山。
嗟我亦何為，此道常往還。
未來寧早計，既往復何言。

我亦讀亦吟，獻上我對偶像的無比崇拜和感激，並和蘇東坡、陶淵明乾一杯。

尋淵明不遇

午飯後，我們告別了村長、教授和攝影組，驅車東行四十公里到星子縣馬迴嶺鎮的陶淵明墓。

陶淵明二十九歲時才出仕，任江州祭酒及荊州、江州幕僚和參軍等閒職。他時而出仕，時而歸隱。家無積蓄，過著極其貧苦的生活，他在〈詠貧士〉其七中曾有「一朝辭吏歸，清貧略難儔。年飢感仁妻，泣涕向我流」之句。然而，他性格豪爽、知命安貧，從不趨炎附勢，因此始終得不到較好的實職。

他四十一歲時，為生活所迫，出任彭澤縣令。會郡遣督郵至縣，吏請曰：「應束帶見之。」淵明嘆曰：「吾不能為五斗米折腰，拳拳事鄉里小人邪！」即日辭職拂袖而去，任期僅八十餘天。

陶淵明在世時沒沒無聞，且死後數百年裡也僅在文人中受到推崇，直到被蘇東坡讚揚，地位才陡然而升。

陶淵明晚年相當清貧，兩袖清風。按陶淵明〈自祭文〉自述：「不封不樹。」

▲圖 7-6　與老村長陶輝、吳國富教授在淵明醉石上。

即不起墳塚，也不要在墓前植樹，因此陶墓保存完好的可能性極低。據史料記載，到明代時，陶潛墓已有一百多年無人知曉。

只是到了明正德六年（一五一一年），大水在面陽山南坡附近的鹿子阪沖出一塊斷碑，碑上有字曰「陶靖節先生故里」。當時有名的文學家李夢陽，便由此斷定這一帶是淵明故里，並修築了紀念性的陶淵明墓和靖節祠。

有些陶學專家考證陶淵明在東林寺附近有田畝和住宅，並舉出陶詩佐證。例如〈丙辰歲八月中於下潠田舍獲〉詩：「貧居依稼穡，戮力東林隈。」而〈和劉柴桑〉詩：「良辰入奇懷，挈杖還西廬。」則點出廬山西邊。

此外，西林寺曾是江州刺史陶侃第八子、陶淵明族叔陶茂的舍宅，故推斷東林寺附近有陶氏祖產也合乎情理。而陶淵明與東林寺慧遠大師往來，也成為他在這附近居住的有力證據。蘇東坡說東林寺藏有《陶淵明詩集》，也說明陶淵明跟東林寺的淵源。這些都是這派學者們堅持星子是陶淵明故里的理由。

這座陶墓坐落在東林大佛以北幾公里，面陽山南坡的一個軍事區裡。我於一九九一年、二〇〇五年和二〇一二年三次造訪，都以未經上級批准不得進入軍事區為由，被拒之門外。我問過他們上級是誰、如何申請參觀，也沒有得到明確答覆。而這次我決定提前做功課，寫了三次申請信給當地領導人，均石沉大海。但我還不放棄，決定再親自前往試試，希望能祭拜所有的淵明墓。

雖然之前曾來過三次，但我也不知何時會再來，就沒有「處處誌之」。這個陶淵明墓和軍事基地沒有路標，且附近開發許多溫泉度假酒店，有些還在建設中，我們在那附近「遂迷，不復得路」。我們停車問幾位路人，他們都說沒聽說過這個地方，彷彿曾有人跟他們說過：「不足為外人道也。」

我們的司機對這個地方隱約有些印象。他帶我們來回折騰將近一個小時，才在山腳下找到一條沒有路牌、打理得相當整潔的林蔭小岔道。我們開進去大約一里路，果然看到懸掛五星軍徽的軍營大門。

軍事基地戒備森嚴，門口架著帶刺的路障。看到有車靠近，衛兵立即警覺起來。我們請司機放慢車速，遠遠把車停靠在路邊。我和李昕、殷雲把背包放在車裡，手裡只提著一個紙袋，下車徒步走向大門。

穿著迷彩服的衛兵儀表威嚴、彬彬有禮，且訓練有素。我們說明希望祭拜陶淵明墓的來意，並打開《尋人不遇》，給他看了我寫的上次來訪的經歷。士兵認真聽了我的陳情，跑步進崗亭，向上級電話報告情況。不一會兒，士兵跑步回來了，告知我們沒有經上級批准不得進入軍事區。

於是，我又提了一個變通方案。士兵仔細聽了我的提議，又重複了一遍：「您是說您要把東西留下，讓我們放在墓前面，然後給您發張照片，對吧？」我確認後，士兵又跑回崗亭請示上級。

幾分鐘後，士兵回來了，打開路障走到我面前，微笑著說：「我們同意接收您的東西，放在墓前。如果上級批准，我們會給您發張照片。」我便把一瓶桂酒、三個荷葉杯和一本《尋人不遇》遞給那位士兵（見第二五〇頁圖7-7）。

他是富有責任心和榮譽感的軍人，上級的話即是命令，而我認為他會把我的酒帶給陶淵明，並獻上我對陶公的敬拜。陶淵明不需要看我的書，就知道我來過多少次，而如果這些軍人們願意翻翻我寫的書，我也很開心。

▲圖 7-7　尋陶淵明墓不遇，譯者李昕手繪。

▲圖 7-8　在醉石小憩。

不得已的生活，找到內心寧靜桃花源

至此，我已在此山三拜淵明，心滿意足、別無他求了。我想找個地方稍作歇息，回味這如夢境般的一天。而東面幾公里外的醉石，是再好不過的小憩之地了。

我們把車停在醉石溫泉酒店的停車場，向山坡上步行，不久後看到「醉石文化公園」的標識，於是向右循溪流之聲，踏上一條岔道。

醉石周圍幽雅謐靜，沒有一個遊人。醉石是一塊高兩公尺多的巨石，平臺長三公尺、寬兩公尺左右，略為前傾。我繞到醉石右後方，攀上石臺。臺石上方為明嘉靖進士郭渡澄詩：「淵明醉此石，石亦醉淵明。千載無人會，山高風月清。石上醉痕在，石下醒泉深。泉石晉時有，悠悠知我心。五柳今何在，孤松還獨青。若非當日醉，塵夢幾人醒。」左下方有朱熹手書「歸去來館」四個大字。

我坐下來，自斟一杯，回味這夢想成真的一天。此時不需要讀詩，一切盡在不言之中（見第二五一頁圖 7-8）。

我把第二杯倒在醉石上，「淵明醉此石」幾個字躍出石面（見第二五四頁圖

7-9）。當我慢慢抿下第三杯酒時，驀然回首，看到醉石上方一縷山泉飛瀑，讓我聯想到陶淵明描述的「林盡水源，便得一山。山有小口，彷彿若有光。便捨船，從口入。初極狹，纔通人。復行數十步，豁然開朗」。若從這窄小的空間攀援而上，豈不就是豁然開朗的世外桃源？還是我醉了？

陶淵明這樣描繪了世外桃源：

> 土地平曠，屋舍儼然。有良田、美池、桑竹之屬。阡陌交通，雞犬相聞。其中往來種作，男女衣著，悉如外人。黃髮垂髫，並怡然自樂。見漁人，乃大驚。問所從來，具答之。便要還家，設酒殺雞作食。村中聞有此人，咸來問訊。自云先世避秦時亂，率妻子邑人來此絕境，不復出焉，遂與外人間隔。問今是何世，乃不知有漢，無論魏晉。此人一一為具言所聞，皆嘆惋。餘人各復延至其家，皆出酒食。

此後千百年來，無數人循跡前尋，許多人宣稱找到陶淵明的桃花源，且在好幾個地方都建立桃花源旅遊風景區，其中一個就在這附近。但我想：陶淵明寫的桃花

▲ 圖 7-9　把酒倒在醉石上，「淵明醉此石」躍出石面。

源，一定是某一個實際存在的地方嗎？或這只是他的夢境？即使找到那個地方，它還是世外桃源嗎？**在現實世界裡、在每個人住的地方、在不同的生活環境裡，我們是否可以在心裡營造自己的世外桃源？**

我們的朋友蘇東坡則更加玩世不恭，他質疑陶淵明描述的桃花源。他在〈和陶桃花源〉詩序中寫道：「世傳桃源事，多過其實。」**天下像這樣的地方很多，不獨桃源。**而那些仙人及其子孫們，漸食人間煙火以後，也無異於常人。

如果這些話不是來自蘇東坡，如此質疑陶淵明可能真會被標為「不合時宜」。然而，蘇東坡未止於此。他說他在潁川時，夢到一榜書「仇池」的官府，「人物與俗無異，而山水清遠，有足樂者……有九十九泉，萬山環之，可以避世，如桃源也」。蘇東坡又說，還有其他像仇池一樣避世的地方。所以，即使像蘇東坡這樣的人也還是需要夢想，他的〈和陶桃花源〉詩曰：

凡聖無異居，清濁共此世。
心閑偶自見，念起忽已逝。

欲知真一處，要使六用廢。
桃源信不遠，杖藜可小憩。
躬耕任地力，絕學抱天藝。
臂雞有時鳴，尻駕無可稅。
苓龜亦晨吸，杞狗或夜吠。
耘樵得甘芳，齕齧謝炮製。
子驥雖形隔，淵明已心詣。
高山不難越，淺水何足厲。
不如我仇池，高舉復幾歲。
從來一生死，近又等痴慧。
蒲澗安期境，羅浮稚川界。
夢往從之遊，神交發吾蔽。
桃花滿庭下，流水在戶外。
卻笑逃秦人，有畏非真契。

離開醉石、走回停車處時，我抬頭看到巨石上刻有「歸去來兮」四個大字，定睛一看，竟然是蘇東坡的落款（見第二五八頁圖7-10）！

〈歸去來辭〉是陶淵明、蘇軾和蘇轍三位知音穿越時空的三重唱。三位偉大的詩人在如歌似泣的唱和中，表達各自的挫折和苦悶，對「歸去田園」生活的憧憬和愉悅，及後人對前輩的景仰與思念。

陶淵明在晉安帝義熙元年（四〇五年）寫了〈歸去來兮辭〉。他在序言裡寫道：「余家貧，耕植不足以自給。幼稚盈室，瓶無儲粟，生生所資，未見其術。親故多勸余為長史，脫然有懷，求之靡途。」他因家裡生活貧困，只能當個縣官掙錢補貼家用，並造酒自飲。

然而，他發現為吃飯而做官的生活，違背自己質樸的天性，讓他很痛苦，於是他上任八十幾天就辭職歸田了。陶淵明以樸實的文筆，在〈歸去來兮辭〉中描繪回歸家庭、重返自然的無比喜悅。

一〇九八年，蘇東坡謫居天涯海角的儋州，「吾方南遷安得歸」，實屬有家不能歸。蘇東坡只好以這陌生的地方為家，打算歸老於此。他重讀陶淵明〈歸去來兮

▲圖 7-10　「歸去來兮」石，左下可見蘇東坡落款。

辭〉，「師淵明之雅放，和百篇之新詩」，而作〈和陶歸去來兮辭〉，在與陶淵明的對話中，尋求精神寄託。

與陶淵明自求歸隱的悠然情懷不同，蘇東坡的鄉野生活實在是不得已而為之。但他也把鄉村生活過得詩情畫意，在流落他鄉的境遇中，找到自己的寧靜港灣。

蘇轍在雷州收到哥哥寄來的〈和陶歸去來兮辭〉時，正忙於搬遷龍川，到了龍川還沒來得及回和詩，又北遷潁川。不久後，蘇東坡渡海北上，病逝於常州。當年十月，蘇轍整理書信時，翻出蘇東坡的這篇遺作，感慨萬千，「歸去來兮，世無斯人誰與遊」，最知己的哥哥已駕鶴歸去，自己還能跟誰同遊？蘇轍揮淚寫下〈和子瞻歸去來兮辭〉，完成兄弟唱和的約定。

〈歸去來兮辭〉　陶淵明

歸去來兮，田園將蕪胡不歸？
既自以心為形役，奚惆悵而獨悲？
悟已往之不諫，知來者之可追。

實迷途其未遠，覺今是而昨非。
舟遙遙以輕颺，風飄飄而吹衣。
問征夫以前路，恨晨光之熹微。
……
登東皋以舒嘯，臨清流而賦詩。
聊乘化以歸盡，樂夫天命復奚疑。

〈和陶歸去來兮辭〉　蘇軾
歸去來兮，吾方南遷安得歸。
臥江海之澒洞，弔鼓角之悽悲。
跡泥蟠而愈深，時電往而莫追。
懷西南之歸路，夢良是而覺非。
悟此生之何常，猶寒暑之異衣。
豈襲裘而念葛，蓋得觕而喪微。

……
師淵明之雅放，和百篇之新詩。
賦歸來之清引，我其後身蓋無疑。

〈和子瞻歸去來兮辭〉　蘇轍
歸去來兮，歸自南荒又安歸。
鴻乘時而往來，曾奚喜而奚悲。
曩所惡之莫逃，今雖歡其足追。
蹈天運之自然，意造物而良非。
蓋有口之必食，亦無形而莫衣。
苟所賴之無幾，則雖喪其亦微。
……
視白首之章皷，信稚子之書詩。
若姸丑之已然，豈復臨鏡而自疑。

此時，我彷彿聽到山巒中迴蕩著「歸去來兮」男聲三重唱。歌聲飄然，若即若離。抬頭再看一眼石壁上蘇東坡所寫「歸去來兮」，微風吹來，一片白雲從山峰飄浮而出。「雲無心以出岫，鳥倦飛而知還。」我心領神會，該回家了。

歸去來兮。

（編按：此處三首唱和詩，由陶淵明〈歸去來兮辭〉起依次抬升，期使從視覺帶出三重唱〔原詩陶淵明、第二位唱和者蘇東坡與第三位唱和者蘇轍〕效果）

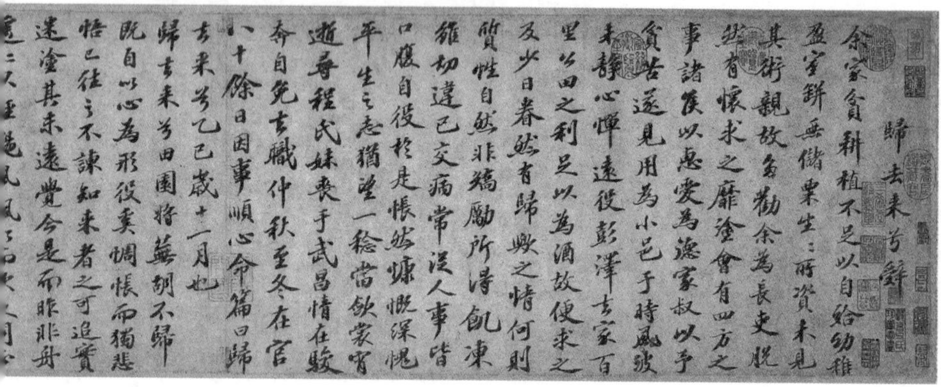
歸去來兮辭
余家貧耕植不足以自給幼稚
盈室缾無儲粟生生所資未見
其術親故多勸余為長吏脫
然有懷求之靡途會有四方之
事諸侯以惠愛為德家叔以予
貧苦遂見用為小邑于時風波
未靜心憚遠役彭澤去家百
里公田之利足以為酒故便求之
及少日眷然有歸歟之情何則
質性自然非矯勵所得飢凍
雖切違己交病嘗從人事皆
口腹自役於是悵然慷慨深愧
平生之志猶望一稔當斂裳宵
逝尋程氏妹喪于武昌情在駿
奔自免去職仲秋至冬在官
八十餘日因事順心命篇曰歸
去來兮乙巳歲十一月也
歸去來兮田園將蕪胡不歸
既自以心為形役奚惆悵而獨悲
悟已往之不諫知來者之可追實
迷途其未遠覺今是而昨非舟

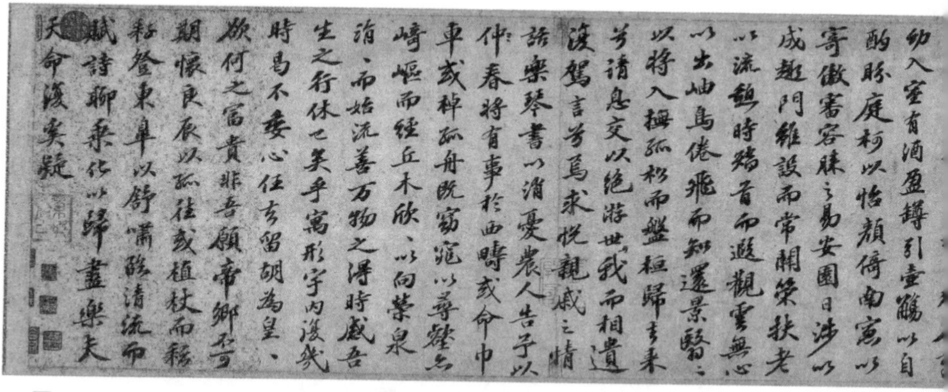

▲圖 7-11　蘇軾書陶淵明〈歸去來兮辭〉，現藏於臺北故宮博物院。

1094年秋，蘇東坡被貶嶺南，宜興的家人經久無法與蘇東坡聯繫，甚是擔憂。蘇州定慧寺的學佛者卓契順對蘇邁說：「不用愁。惠州雖遠，畢竟不在天上，我走路把你們的書信送去。」於是，他就帶著蘇邁、錢世雄、守欽、佛印等人的書信，徒步踏上幾千里翻山越嶺的征程。一路上他餐風露宿，中途還病倒了半個月。皇天不負苦心人，次年三月二日，蓬頭垢面的契順敲了蘇東坡惠州的家門！契順回程時，蘇東坡問：「我該怎麼答謝你？」契順說：「我就是無所求才南下惠州，如果有所求的話，我就北上京城了。」經不起蘇東坡苦問再三，契順說：「您就送我一幅字吧。」東坡欣然揮筆寫了一幅陶淵明的〈歸去來兮辭〉，贈予契順。得謝謝蘇東坡寫了〈書歸去來辭贈契順〉一文，讓我們得以認識千年前這位古道俠義的非凡人物。敬契順一杯！

附錄一
從眉州到揚州

蘇軾，字子瞻，號東坡居士，四川眉山人，北宋文學家和書畫家。

蘇軾是個多產的作家，留下七千多篇詩詞、文章和信件，加上別人寫他、回他、和他的詩文，總共有數萬篇有關蘇東坡的「第一手」資料。在中國古代文人當中，蘇軾留下的社會記憶是最清晰的，每個接觸過中華文化的人都或多或少受他影響，在不同的境遇裡與他邂逅。

一〇五七年，**蘇軾二十一歲，以全國第二名的成績考取進士，他的弟弟蘇轍得了第五名**。那年，歐陽修是主考官，他反對矯揉造作，提倡平實的文風，讓考生們抒發自己的見解。在閱卷過程中，〈刑賞忠厚之至論〉一文令歐陽修大為讚嘆，他揣測這麼好的文章只有自己的弟子曾鞏才寫得出，為了避免落人口舌，他便將這篇本該評為第一的文章評為第二。當最終得知這篇文章其實是蘇軾所作，歐陽修感嘆不已，便把他們兄弟推薦給仁宗皇帝，仁宗高興的說：我為子孫謀得了兩位太平宰相啊！

一生經歷兩次貶謫，逆境中得解脫

蘇軾一生中，經歷了北宋五任皇帝：仁宗、英宗、神宗、哲宗、徽宗，也因帝王更替和政局變化，經歷了兩輪大起大落。第一次大落到了黃州，第二次貶謫到偏遠的惠州和儋州，但蘇東坡能在逆境中尋得解脫，並視之為寶貴的人生財富，實在是難能可貴。

北宋是中國文學史上的顛峰時代之一，出現「唐宋八大家」中的歐陽修、王安石、蘇洵、蘇軾、蘇轍、曾鞏等著名文學家，他們也都是自科舉制度脫穎而出的優秀官員。

蘇家無疑是中國歷史上最著名的書香世家。父親蘇洵大器晚成，二十七歲才發憤讀書，他擅長散文政論，筆勢雄健，著有《嘉祐集》及《謚法》。兩個兒子同榜及第時，蘇洵的作品也得到歐陽修和宋仁宗的關注。嘉祐五年（一〇六〇年），蘇洵被任命為祕書省校書郎，後為霸州文安縣主簿，與姚辟（按：北宋散文家）一同修撰禮書《太常因革禮》。

次年十一月，蘇軾辭別父親，赴任鳳翔府判官，初入仕途的蘇軾本著造福於民的宗旨，進行便民的政策變革，修改了民工為官府水運木料的制度，大大減少了由於汛期水運而造成的災害，保護百姓的利益。蘇軾這一改革措施也成為日後王安石施行「僱役法」的前奏。**在早期的從政生涯裡，蘇軾宣導變革，寫了二十五篇文章向皇帝進策，在改進國家財政、提升軍事力量和強化官員能力等方面獻言獻策。**

一〇六三年，英宗趙曙即帝位，他想提拔蘇軾，但時任宰相的韓琦不贊同，最後蘇軾被安置在史館任職。

一〇六七年，三十六歲的英宗駕崩，神宗即位，年號熙寧。宋王朝內有政治、經濟之憂，外有西夏遼兵屢犯邊疆之患。為了擺脫這種困境，神宗重用王安石，開始一系列變革。王安石從小就聰明過人，一〇四二年登榜進士，授淮南節度判官，

▲圖 8-1　蘇東坡像（清代，葉衍蘭繪）。

任滿後調為鄞縣知縣、舒州通判、群牧判官、常州知州等地方官員職務，從政經驗非常豐富。

一〇七〇年，王安石任同中書門下平章事，職位和宰相相當，開始聲勢浩大的改革運動，提拔章惇等人強力推行變法。王安石變法（按：也稱熙寧變法、熙豐變法）是中國歷史上的重大事件，主要目的是富國強兵，從而扭轉北宋積貧積弱的局勢。王安石強調法治，頒布一系列新的法規。

富國之法有青苗法、免行法、免役法等改革。青苗法的設計理念，是由官府發放貸款，幫助農民解決春播到秋收之間的生計問題；免行法規定商家按盈利多寡，每月向市易務交納免行錢，類似今日企業所得稅制度；免役法允許農民繳錢以免於勞役，使農民安心農耕，維持生計的同時，也保證國家的糧食供應。

至於強兵之法，「保甲法」強調建立農村民兵機制，讓各地壯丁接受軍事訓練，形成全國性的軍事儲備，同時又能維護農村社會治安。「裁兵法」和「將兵法」精兵簡政，提高軍隊士兵的整體素質和戰鬥力。「保馬法」和「軍器監法」致力於提升馬匹和兵器的數量與品質。熙河之役是北宋王朝重大的軍事勝利，充分顯示王安石變法強兵的成就，對北宋王朝和變法派是非常大的鼓舞。

不過，司馬光等保守派人物則認為變法造成與民爭利，縣官靠青苗法放錢收息，而一些農民把貸款用在吃喝玩樂上，並沒有真正改善民生，因此極力反對新法。這是以司馬光為代表的傳統派「人治」，和以王安石為代表的改革派的「法治」兩種治國思想、兩個政黨派系間的較量。

批評新法，烏臺詩案差點丟了性命

蘇軾作為有改革意識的舊黨派，有自己的政治立場，而且喜歡表達自身想法。**蘇軾認為改革是必要的，但要漸進，力度要適中，更要人治**。他認為人民是國家的根本，民富則國強，反之失民心則國亡。他**深刻批評王安石以損害百姓利益為代價的急進政策，從而被劃為反變法的舊黨，導致大難臨頭**。

熙寧七年（一〇七四年）春，中原發生旱災，致使災民流離失所。群臣向神宗狀告王安石，理由是免行錢擾民，力諫罷相王安石；而王安石則據理力爭，認為天災不應與稅法混淆。此時，蘇軾的老朋友、變法派主將章惇力挺王安石，並繼續推行新政。

蘇軾除了在朝廷上發表批評新法的意見，還會作詩冷嘲熱諷。例如〈山村五絕〉其四，農民拿到青苗錢，一年中大半年時間都在城裡吃喝玩樂，結果孩子們說話都有城裡人的口音：

杖藜裹飯去匆匆，過眼青錢轉手空。
贏得兒童語音好，一年強半在城中。

一〇七一年，蘇軾任杭州通判，隨後又任密州、徐州和湖州太守，治績卓然，但因年輕氣盛，受到一些官員嫉妒，同時也因仗義執言而得罪不少人。蘇軾抵觸新法，得罪了宰相王安石及變法派官員，副宰相王珪等黨羽便謀劃加害蘇軾。

蘇軾上任湖州知州時，按慣例呈上就職感謝信〈湖州謝上表〉給神宗，沒想到這封信卻讓他惹來大麻煩。

謝表本來是一份「謝主隆恩」的例行公文，他卻節外生枝的在信中發牢騷：皇上怕他在朝廷裡跟新上任的當權派不和，所以把他下放到地方管理老百姓，少管朝廷的閒事。除此之外，蘇軾還用「新進」一詞稱呼當權派，而在此之前，王安石曾經用「新進」形容那些突然升遷的無能後輩，這就給虎視眈眈的官員們一個絕好的下手機會。

於是，副宰相王珪、監察御史何大正、國子博士李宜、御史中丞李定等群起而攻之，指責蘇軾在〈湖州謝上表〉和〈山村五絕〉中誹謗皇上和朝廷、譏諷新法。他們說蘇軾妄自尊大、蔑視朝廷，編織莫須有的罪名，指控四大罪狀：一、怙終不悔，其惡已著；二、傲悖之語，日聞中外；三、言偽而辯，行偽而堅；四、陛下修明政事，怨已不用。

總之，他們把蘇軾說成是一個罪大惡極、十惡不赦的人，不僅要立即彈劾，甚至應判死罪。

神宗元豐二年（一〇七九年）六月，他們以誹謗朝廷、譏諷皇上和宰相的罪名，派御史臺官員將蘇軾逮捕入獄。**御史臺又稱烏臺，而案件又是因詩而起，所以**

稱作「烏臺詩案」。

蘇軾在獄內遭到嚴刑拷問，每天被逼問他以前寫詩的由來，以及詞句中的典故出處。在他以為自己可能被判死刑時，非常懊悔的寫了一首詩給弟弟蘇轍：

聖主如天萬物春，小臣愚暗自亡身。
百年未滿先償債，十口無歸更累人。
是處青山可埋骨，他年夜雨獨傷神。
與君世世為兄弟，又結來生未了因。

由於太祖早有誓約，不殺士大夫，蘇軾最終才倖免一死。「烏臺詩案」審理期間，曹太后、王安石等人出面請求赦免蘇軾。說情的人還包括蘇軾舊友、時任副宰相的章惇。章惇與蘇軾、蘇轍兄弟及曾鞏同一年考上進士，嘉祐六年（一〇六一年），蘇軾和章惇都在陝西當地方官，兩人意氣十分相投，結為好友，經常一起對酒論詩，走遊天下。

章惇是一個文武雙全的才子，在開發和守護邊疆上立下功勳，仕途十分順利，他雖與蘇軾政治上的見解不同，但也仗義執言，替蘇軾說了公道話，使其免於更慘的境遇。

流放黃州，與陶淵明詩結緣

一〇七九年末，四十三歲的蘇軾被判流放黃州，貶為團練副使。蘇軾在仕途上受到排擠和打擊，但他並沒有因此消沉。他懷著「不以物喜、不以己悲」的心態，在陶淵明式平淡自然的田園生活中，活得逍遙曠達。

也就在這個階段，蘇軾得知廬山東林寺藏有《陶淵明詩集》，正要請人去借閱時，九江李太守恰好贈送給他一本《陶淵明詩集》。蘇軾如獲至寶，隨身攜帶，藉由詩集與陶淵明交流，像知己一般。

他在〈書淵明羲農去我久詩〉中說：「余聞江州東林寺，有《陶淵明詩集》，方欲遣人求之，而李江州忽送一部遺予，字大紙厚，甚可喜也，每體中不佳，輒取讀，不過一篇，惟恐讀盡，後無以自遣耳。」在陶詩質樸平淡的意境中，蘇軾體會到藝術的美感與人生的真諦，**廬山東林寺也成為蘇軾和陶淵明知音結緣的地方。**

第二年，蘇軾寫了第一部與陶淵明相關的作品〈歸去來集字〉十首，他擺脫官場的傾軋，找到快活的解脫方式，過著平民的生活。他的文風也隨之改變，從過去憂國憂民的奮筆疾書，轉變成自然平淡的詠物言情。序與詩節選如下：

予喜讀淵明〈歸去來辭〉，因集其字為十詩，令兒曹誦之，號〈歸去來集字〉云。

其一

命駕欲何向，欣欣春木榮。
世人無往復，鄉老有將迎。
雲內流泉遠，風前飛鳥輕。
相攜就衡宇，酌酒話交情。

其七

觴酒命童僕，言歸無復留。
輕車尋絕壑，孤棹入清流。
乘化欲安命，息交還絕遊。
琴書樂三徑，老矣亦何求。

其十

寄傲疑今是，求榮感昨非。
聊欣樽有酒，不恨室無衣。
丘壑世情遠，田園生事微。
柯庭還獨眄，時有鳥歸飛。

失意時，蘇軾覺得自己與陶淵明有許多共同點。一〇八二年，蘇軾在〈江城子．夢中了了醉中醒〉中說：「只淵明，是前生。」在〈錄淵明詩〉中也說：「與淵明詩意不謀而合，故並錄之。」他把陶淵明當作知音傾心而談，在流放生涯中與陶淵明進行靈魂上的對話。

蘇軾剛被貶到黃州時，舉目無親。太守徐君猷像親人一般對待他，劃了一塊坡地給他耕種，以維持生計。

東坡到處都是瓦礫，是塊荒廢的營地，不容易耕種，又剛好逢大旱，蘇軾飽嘗拓荒的艱苦，但他仍樂在其中，自號東坡，並寫下聞名遐邇的〈東坡〉一詩：「雨洗東坡月色清，市人行盡野人行。莫嫌犖确坡頭路，自愛鏗然曳杖聲。」**從此以後，蘇東坡成為家喻戶曉的大名。**

二十幾歲離開眉州家鄉後，蘇東坡在黃州待的時間最長，他在這裡待了將近五年。這是蘇東坡在仕途上第一輪由高峰跌落到低谷的時期，但也造就了蘇東坡藝術生涯的顛峰，他在黃州留下了傳世墨寶〈寒食帖〉（見第二八〇頁圖8-2），詩詞則從之前的豪放雄壯轉向平淡瀟脫。

黃州時期獨特的人生境遇，賦予蘇東坡新的創作源泉，讓他以瀟脫的意境，**創作出代表作〈念奴嬌．赤壁懷古〉和〈赤壁賦〉，成為流傳千古的絕唱。**黃州使文

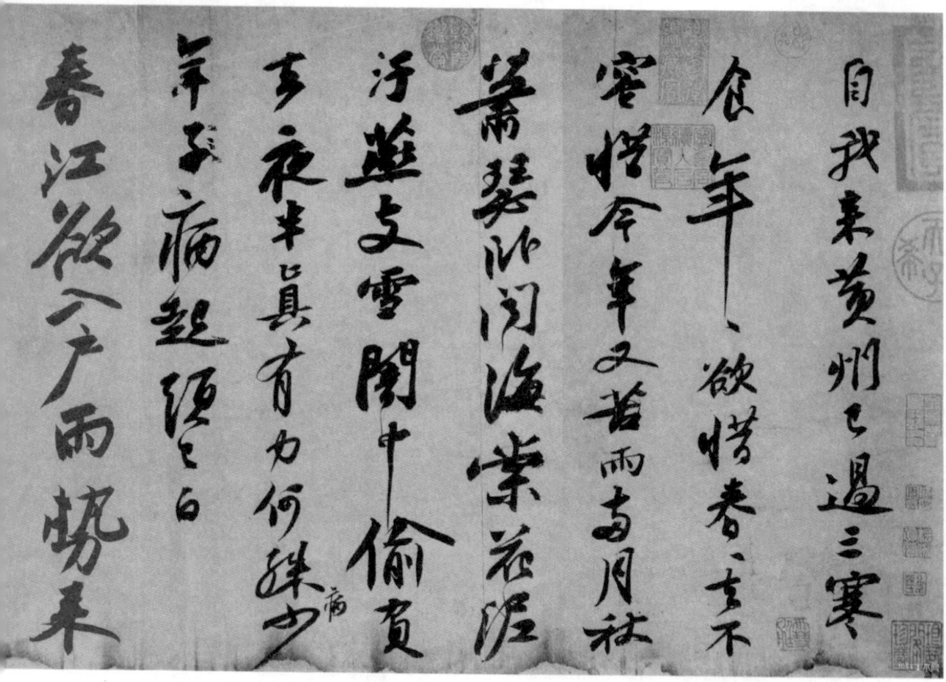

自我來黃州已過三寒
食年年欲惜春春去不
容惜今年又苦雨兩月秋
蕭瑟卧聞海棠花泥
污燕支雪闇中偷負
去夜半真有力何殊病少
年子病起頭已白
春江欲入戶雨勢來

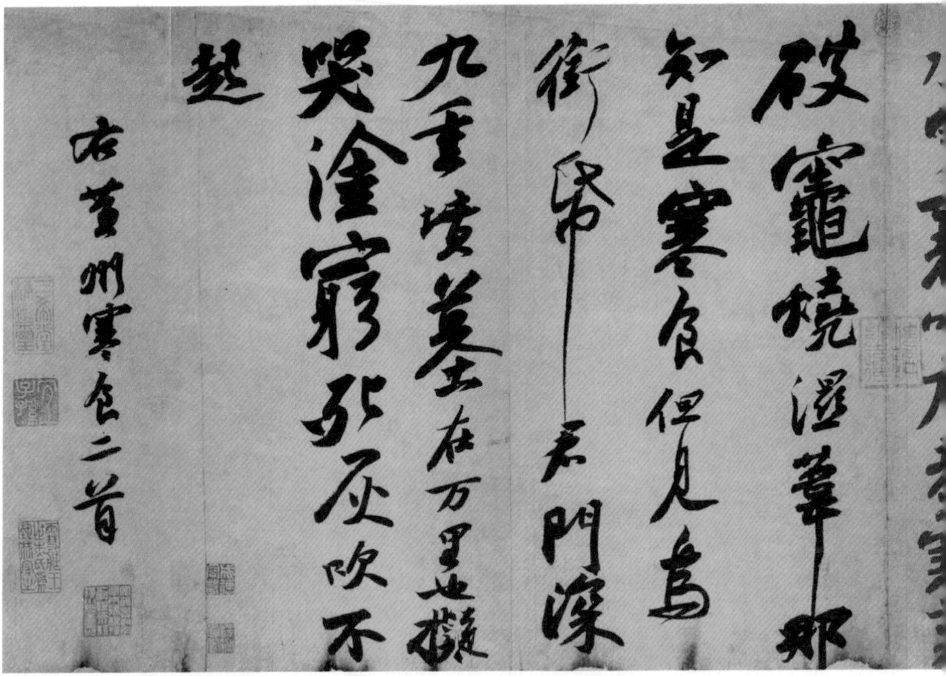

▲圖 8-2　蘇東坡在黃州留下的墨蹟〈寒食帖〉。

〈寒食〉二首其一：「自我來黃州，已過三寒食。年年欲惜春，春去不容惜。今年又苦雨，兩月秋蕭瑟。臥聞海棠花，泥汙燕支雪。闇中偷負去，夜半真有力。何殊病少年，病起頭已白。」〈寒食〉二首其二：「春江欲入戶，雨勢來不已。小屋如漁舟，濛濛水雲裡。空庖煮寒菜，破竈燒溼葦。那知是寒食，但見烏銜紙。君門深九重，墳墓在萬里。也擬哭塗窮，死灰吹不起。」

官蘇軾下放為農夫東坡，也上升為文豪蘇東坡。

〈赤壁賦〉是前後篇渾然一體、非常詩情畫意的遊記散文。〈前赤壁賦〉寫蘇東坡與朋友在赤壁月下泛舟，「清風徐來，水波不興」。把酒吟詩，飄飄欲仙，曹操這樣的梟雄也不過是過眼雲煙，何況黎民百姓呢？人生充滿無常，然而「江上之清風，與山間之明月，耳得之而為聲，目遇之而成色，取之無禁，用之不竭」，人生就好像水月一般，既是不停變化，也是亙古不變。蘇東坡的寫景、抒情、說理在這裡達到水乳交融的程度，表現出豁達超然、自得其樂的人生態度。

〈後赤壁賦〉則是蘇軾於初冬月夜與朋友再遊赤壁，泛舟飲酒。「劃然長嘯，草木震動，山鳴谷應，風起水湧」的景象，與一隻橫江東來的孤鶴，描繪出作者的淒涼孤寂。蘇東坡在夢中見到化作孤鶴的神祕道士，打開窗戶尋找，卻見不到蹤影，字裡行間縹緲的禪意，展現出蘇東坡在官場上的失意，以及人生的空漠與無所寄託。通觀全文，蘇東坡在貶謫生涯中，更深刻理解了社會和人生，也使他的詩作表現出更豐富的內心情感。

▲圖 8-3　今日赤壁。

司馬光上任，提拔蘇軾回京

一〇八五年四月，宋神宗駕崩，年僅十歲的哲宗趙煦繼位，年號元祐，高太后攝政，起用六十七歲的司馬光為相。

提起司馬光，大概每個人都曾聽過他「砸缸救友」的故事，也知道他的《資治通鑑》。他是保守派政治家的代表。司馬光於一〇三八年考取進士，之後歷任各地基層地方官，政績赫然。

嘉祐六年起，司馬光在朝廷做了五年的諫官，其職能類似監察和智囊的結合，既協助朝廷解決皇位繼承、皇帝治國等關係國家命運的大事，也把關心人民疾苦、減輕人民負擔視為己任。

司馬光在奏章裡經常倡議利國利民的舉措，他上書〈言遺賜箚子〉，抵制朝廷重賞官員，也曾上書〈論宴飲狀〉，駁斥宮廷宴飲與賞賜的風俗，懇求皇帝廢除宴飲，考慮民生。

宋神宗年間，司馬光反對王安石變法，上書皇帝請求外任，自此居洛陽十五

▲圖 8-4　司馬光。

年，在此期間完成了編年體通史《資治通鑑》。該書將戰國至五代共一千三百六十二年的史實，與重大歷史事件的各個面向都整理得一清二楚，以前朝經驗，作為後世治理國家的借鏡，藉由《資治通鑑》，能清楚了解歷史發展。一〇八四年，司馬光六十六歲時，完成了這部書。

一〇八五年，宋哲宗請司馬光出任宰相。**司馬光非常器重蘇東坡，為五十歲的蘇東坡平反昭雪，並將他調回京城**，接連提任翰林學士、侍讀學士、禮部尚書等重要職位，從八品升到正三品。司馬光是蘇東坡的恩人，蘇東坡能夠東山再起並踏入仕途高峰，仰賴著司馬光的器重。

司馬光著手實現自己的「仁政」政治主張，呼籲減輕貧苦農民的負擔，並把新法比為毒藥，以撥亂反正之勢全盤否定王安石變法，凡是王安石所提倡、屬於新法的都要廢除。

俗話說：「江山易改，稟性難移。」**即使經歷過烏臺詩案和黃州的貶謫生涯，蘇東坡仍然沒有改變他的處事原則**。他在地方任官時，看到新法確實有些益處，於是建議要考量新法的利害關係，把新法好的地方保留下來，而非全盤否定新法。例如他認為免役法允許農民以繳錢的方式，免於農忙時被抽去服勞役，可以讓他們安心農耕，就對國家有益。

辯論免役法去留時，蘇軾與司馬光在朝上爭論得面紅耳赤，回到家裡，蘇東坡還說司馬光是頭頑固的「司馬牛」。蘇東坡的「不合時宜」讓提拔他的司馬光感到失望，也得罪了司馬光派的人。

「有黨則必爭，爭則小人者必勝」，**蘇東坡雖然希望幫助皇帝有所建樹，但他實在不喜歡朝廷的政治爭鬥，自請外放**。他認為，**自己做地方官更能發揮一己之長，直接造福百姓，而自己也能活得更清靜快樂。**

一〇八九年七月，蘇東坡獲皇上批准外任，第二次至杭州任職，出任杭州太守。恰逢江浙大旱之年，蘇東坡廣開糧倉，賑濟災民，同時上書朝廷請求減免貢米，還調遣大批醫生為災民看病。

此外，蘇東坡特別善於水利工程，他帶領民眾淘挖深井、引水灌溉，幫助人民度過旱災年。在短短一年半的任期內，**蘇東坡疏浚了西湖，把挖出來的淤泥築成長堤，以便市民往來，後人為了紀念他，便把這道長堤稱為「蘇堤」**。

▲ 圖 8-5　今日蘇堤。蘇東坡出任杭州太守時，疏浚西湖，將挖出來的淤泥築成長堤，以便市民往來，後人為了紀念他，便把這道長堤稱為「蘇堤」。

儘管蘇東坡對司馬光的施政方針並不完全贊同，但兩人的基本價值觀仍有很多相似之處。**蘇東坡對司馬光的學識和人品一向讚譽有加，兩人之間保持著互敬互重、求同存異的君子之交。**

主張罷黜改革派，因而貶惠州、儋州

一〇九一年三月，蘇東坡開始了頻繁的職位調動，先是回朝任職吏部尚書七個月，後又外調至潁州、揚州出任太守，接著又調回京師當了一個月的兵部尚書、九個月的禮部尚書，反映出執政者的矛盾心態，與朝廷內部的激烈鬥爭。太后一方面賞識蘇東坡的才華，希望利用他的文筆和影響力制衡新黨，另一方面又因蘇東坡的特立獨行、到處得罪人而大傷腦筋。

司馬光主政盡罷新法時，王安石部下、改革派的章惇為新法據理力爭。此時，蘇轍上書〈乞罷章惇知樞密院狀〉，主張罷廢推行新法的執政大臣，導致章惇被黜出外郡。雖然蘇軾和蘇轍是出於利國的政見而進諫，但被罷官的章惇則感覺被蘇氏兄弟背叛，因而懷恨在心。

一〇九三年九月，太后駕崩，十八歲的哲宗親政，起用章惇為宰相。大權在手的章惇對元祐年間的政敵瘋狂報復，蘇氏兄弟也被劃為「元祐黨人」，成了他亟欲嚴厲打擊的對象。蘇東坡被趕出京城，降職為定州太守，上任一個月又被貶去嶺南惠州。三年後，**章惇把蘇東坡從惠州貶到海南儋州，這是僅次於死刑的處罰**。

一一〇〇年，哲宗去世，徽宗趙佶即位。千年後的今天，人們大多記得宋徽宗是被金滅國的北宋末代皇帝，以及他特有的「瘦金體」書法。他繼位後大赦天下，赦免元祐大臣，原打算終老海南的蘇東坡獲赦北還，結束了儋州三年的貶謫生活。

造化弄人，**蘇東坡遇赦之日，正是章惇被貶之時**。宋徽宗以章惇曾反對其嗣立為由，罷免了章惇。章惇的兒子章援推測，平反後的蘇東坡會再次當政，擔心他們父子會遭到報復，於是寫信給蘇東坡，希望能重拾舊情。

蘇東坡則心胸豁達的回信給章援：「伏讀來教，感嘆不已。某與丞相定交四十餘年，雖中間出處稍異，交情固無增損也。聞其高年寄跡海隅，此懷可知。」蘇東坡囑咐章援照顧老父，還寄給章惇一些藥方，請他多保重身體，爭取早日北還。蘇東坡非凡的氣度與寬厚的胸襟，實為難能可貴。

章惇的故事無疑是個悲劇，也確實應驗了因果報應之說。章惇當權時，對蘇東坡等政敵極力打壓，而後來的當權者對章惇也用同樣的手法懲治。徽宗即位不久，章惇被免去宰相職位，改任越州知州，幾經流落後，被貶到當年發配蘇轍的雷州做司戶參軍。不久後，又遷居睦州、越州和湖州，崇寧四年（一一〇五年），章惇最終在鬱鬱寡歡中死去，享年七十一歲。《宋史》把章惇定論為奸臣，罪名是迫害元祐朝臣，詆毀宣仁太后。

蘇東坡這樣的人物，人間難能有二

蘇東坡和王安石之間的爭鬥，則屬於政見不同的君子之爭。王安石的新法旨在強國，其改革設計的理念也是精明的，但由於缺乏有執行力的行政體系，既得罪了高官顯貴，也沒有造益於平民百姓，最後變法失敗，王安石本人也辭官罷相。

八年後，一〇八四年夏天，在自黃州去汝州的路上，蘇東坡與王安石在金陵小

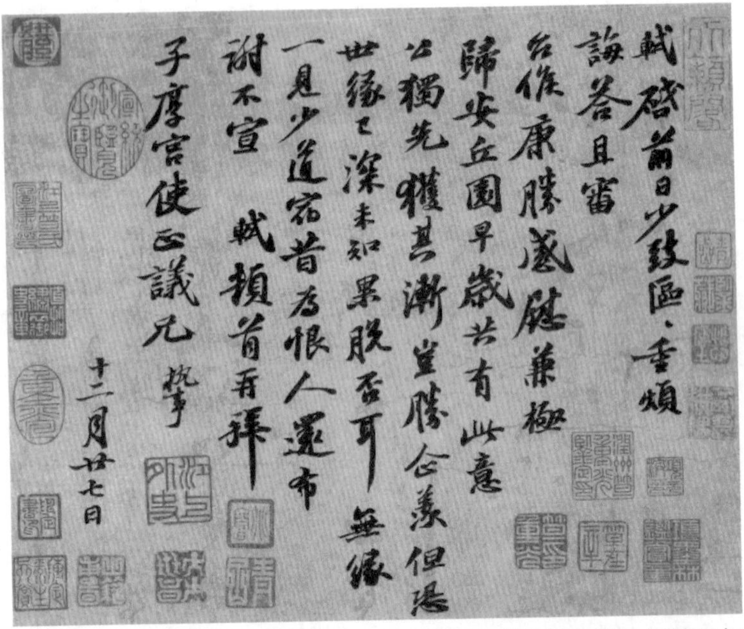

▲圖 8-6　蘇軾〈歸安丘園帖〉，現藏於臺北故宮博物院。元祐元年（1086 年）章惇因新黨失勢，被貶汝州，蘇軾寫給章惇：「軾啟。前日少致區區，重煩誨答，且審台侯康勝，感慰兼極。歸安丘園，早歲共有此意，公獨先獲其漸，豈勝企羨。但恐世緣已深，未知果脱否耳？無緣一見，少道宿昔為恨。人還，布謝不宣。軾頓首再拜，子厚宮使正議兄執事。十二月廿七日。」

聚一個多月。王安石住的半山園離他父母的墓地不遠，是他退隱之後在金陵東北角的鐘山買下的一處田產。

這次會面，蘇東坡和王安石遊山玩水、談天論地、吟詩誦詞。王安石讚譽蘇東坡的才華，說「不知更幾百年，方有如此人物」，甚至邀請蘇東坡到金陵居住，兩人可做鄰居。蘇東坡感慨的說：「勸我試求三畝宅，從公已覺十年遲。」經過十年觀察和反思，蘇東坡也看到王安石新法的一些好處，漸漸體認自己當時對王安石的思想沒有深刻理解，因而過於抵觸新法。

事後蘇東坡體會到，新法雖然在執行過程中存在一定問題，但初衷是好的，基本思路也有很多可取之處。王安石退位後，也看到變法過程中出現貪官擾民的弊端，以及其他不足之處。兩人盡釋前嫌，一笑泯恩仇。

我們不能根據政見判斷君子與小人，而人們往往用品德和度量去讚譽賢人。在人之後的一千年裡，像蘇東坡、王安石、章惇和司馬光這樣的故事重複上演著。在人生幾十年裡，朋友間因不同政見產生分歧、爭執，總是在所難免，有些人能夠化干戈為玉帛，重歸於好，但也有些人把政見分歧演化為個人恩怨，恨不得置對方於死

▲圖 8-7　王安石。

地，把仇恨帶入墳墓。

蘇東坡能夠在備受打壓的逆境中坦然處世，實在是難能可貴。身處貶居之地，他沒有以消沉的態度虛度光陰。相反的，他能隨遇而安，以曠達超脫的胸襟，面對坎坷人生。一〇八二年，他受貶黃州時寫的〈定風波〉，以生動筆墨表現天有晴雨、人有順逆，雖處逆境仍灑脫飄逸、笑對人生的曠達胸懷，成為絕唱：

莫聽穿林打葉聲，何妨吟嘯且徐行。
竹杖芒鞋輕勝馬，誰怕？一蓑煙雨任平生。
料峭春風吹酒醒，微冷，山頭斜照卻相迎。
回首向來蕭瑟處，歸去，也無風雨也無晴。

蘇東坡的一生能落能起，晚年還被流放到惠州和儋州這樣的荒蠻之地。他以和陶詩的方式與陶淵明對話，表明自己隨遇而安的處世態度，和徹底解脫塵世的意念。在人生境界上，正如林語堂所言：「**像蘇東坡這樣的人物，是人間不可無一難能有二的。**」

附錄二
與君同行——主要參考文獻

為準備這次旅行，我們參閱了一些書籍，途中也結識了一些作家，我們邀請這些作家和讀者朋友們與我們同行。

除書架上的這三十多部書籍文獻外，其他書籍、論文及線上文章包括：

- 程光裕、徐聖謨：《中國歷史地圖》，臺北：中國文化大學出版部，一九八〇年。

▲圖 9-1　書架上的參考書籍文獻。

●崔怡：〈試論蘇軾的「和陶詩」〉，惠州：惠州學院學報，二〇一五年。
●金汶洙：〈蘇軾「和陶詩」研究〉，臺中：東海大學中國文學系碩士論文，一九九九年。
●李歡喜、亞琴：〈蘇軾「和陶詩」藝術風格論略〉，包頭：陰山學刊，二〇〇五年。
●宋丘龍：《蘇東坡和陶淵明詩之比較研究》，臺北：臺灣商務印書館，一九八二年。
●蘇軾：《蘇軾文集》，北京：中華書局，一九八六年。
●王水照：《王水照說蘇東坡》，北京：中華書局，二〇一五年。
●葉嘉瑩：《葉嘉瑩唐宋詞十七講》，北京：北京大學出版社，二〇一七年。
●張兆勇：《蘇軾和陶詩與北宋文人詞》，合肥：安徽大學出版社，二〇一〇年。
●鄭秉謙：〈試論蘇軾貶逐期間的精神支撐〉，樂山：樂山師範學院學報，二〇一五年。
●祝勇：《在故宮尋找蘇東坡》，湖南美術出版社，二〇一七年。
●李一冰：《蘇東坡新傳》，臺北：聯經出版公司，一九八三年。
●劉昭明：《蘇軾與章惇關係考》，臺北：新文豐出版公司，二〇一一年。

●楊治宜（Zhiyi Yang）：*Return to an Inner Utopia: Su Shi's Transformation of Tao Qian in His Exile Poetry*, Germany: T'oung Pao, 2013.

譯者後記

若你結緣此書，表示你的好奇之心驅使著你，從蘇東坡和陶淵明詩中得到靈感；若你獲贈此書，這位貴人肯定希望跟你分享一程穿越時空的精神旅行。

當今的人們大多沉迷於經營大事業，並樂此不疲，我也不例外。而幾年前，我在攀職場階梯的旅途中，遇見了比爾．波特的書《空谷幽蘭》，並有緣跟比爾結友。比爾藉由在中國的訪古探幽，為我們打開一扇窗，讓我們看到一種所需甚少而快樂的生活方式。他本人在美國也遠離都市的喧囂，過著陶淵明式的鄉居生活。

我不是在鼓動大家做「在雲中，在松下，在塵囂外，靠著月光、芋頭過活」的隱士。但在追求事業卓越的同時，以好奇心探尋日常生活中的美，讀書、寫作、靈修，或學樂器、練習繪畫，可以營造心裡的桃花源。天有晴雨、人有順逆。比爾在本書描述蘇東坡能落能起、隨遇而安的灑脫處世態度，值得我們每個人效法。修心養性有益於己，也感染他人。

比爾沒有經紀人和商業運作團隊，但有眾多讀者朋友們的熱心支持。我們感謝殷雲、包凡一、陳敏、劉利、韓宗佳等朋友安排旅行、蒐集素材等諸多幫助，也有幸得到蘇陶後裔們及各地蘇陶協會的熱情接待，讓我們融入蘇陶大家庭。中信出版社的張亞男和周雨慧眼識珠，將我們此次的詩與遠方之旅與大家分享。此書也得到蔣方舟、胡德夫等老師們推薦，以及眾多讀者們的熱情鼓勵，我和比爾在此向各位舉杯致謝。

比爾把翻譯比喻為與原作者的隨樂起舞。我很高興能與比爾同行，並把這個「舞曲」以中文版的形式呈現給大家。譯作的過程既讓我複習中文寫作，又新學多首蘇陶古詩，結交了新朋友，實在受益匪淺。如果此書能讓你忙裡偷閒，體會蘇東坡灑脫飄逸的詩境，做一回陶淵明大隱於市之夢，我就再得意不過了。

國家圖書館出版品預行編目（CIP）資料

一念桃花源：無論順逆，蘇東坡總能療癒自己，只因他心中有陶淵明這位知己。漢學家親訪行旅足跡，感受兩大文豪的靈魂撞擊。／比爾・波特（Bill Porter）著；李昕譯 . -- 初版 . -- 臺北市：任性出版有限公司，2024.01
304 面；14.8×21 公分 . --（issue；55）
ISBN 978-626-7182-39-0（平裝）

1. CST：（南北朝）陶潛　2. CST：（宋）蘇軾　3. CST：傳記

782.24　　112016479

issue 55

一念桃花源

無論順逆，蘇東坡總能療癒自己，只因他心中有陶淵明這位知己。
漢學家親訪行旅足跡，感受兩大文豪的靈魂撞擊。

作　　者／比爾・波特（Bill Porter）
譯　　者／李　昕
責任編輯／連珮祺
校對編輯／馬祥芬
美術編輯／林彥君
副總編輯／顏惠君
總 編 輯／吳依瑋
發 行 人／徐仲秋
會計助理／李秀娟
會　　計／許鳳雪
版權主任／劉宗德
版權經理／郝麗珍
行銷企劃／徐千晴
業務專員／馬絮盈、留婉茹、邱宜婷
業務經理／林裕安
總 經 理／陳絜吾

出 版 者／任性出版有限公司
營運統籌／大是文化有限公司
臺北市 100 衡陽路 7 號 8 樓
編輯部電話：（02）23757911
購書相關諮詢請洽：（02）23757911 分機 122
24 小時讀者服務傳真：（02）23756999
讀者服務 E-mail：dscsms28@gmail.com
郵政劃撥帳號：19983366　戶名：大是文化有限公司

法律顧問／永然聯合法律事務所
香港發行／豐達出版發行有限公司 Rich Publishing & Distribution Ltd
地址：香港柴灣永泰道 70 號柴灣工業城第 2 期 1805 室
Unit 1805, Ph.2, Chai Wan Ind City, 70 Wing Tai Rd, Chai Wan, Hong Kong
電話：21726513　傳真：21724355
E-mail：cary@subseasy.com.hk

封面設計／孫永芳　內頁排版／王信中
印　　刷／鴻霖印刷傳媒股份有限公司

出版日期／ 2024 年 1 月　初版
定　　價／新臺幣 460 元（缺頁或裝訂錯誤的書，請寄回更換）
I S B N ／ 978-626-7182-39-0
電子書 ISBN ／ 9786267182406（PDF）
9786267182413（EPUB）